박영돈 교수는 이 시대 한국 교회에 참으로 귀한 선물이다. 교파를 초월하여 신뢰할 만한, 그리 많지 않은 목소리 중 하나다. 그는 그동안 여러 저서를 통해 진지하고 진중한 글로 한국 교회의 병폐를 지적하고 개혁을 촉구해 왔다. 그런 그가 그동안 페이스북에 써 온 글을 모은 이 책은 그의 또 다른 면을 보여 준다. 하나님 나라와 한국 교회라는 거대한 문제를 두고 씨름하고 있지만, 누군가의 남편이고 아버지이며 또한 선생임이 잘 드러나 있다. 여러 글에서 드러나는 소시민으로서의 그의 모습을 보는 것이 여간 흥미롭지 않았다. 책을 읽으면서 자주 고개를 끄덕였다. 자주 웃었다. 감동하고 또한 공감했다. 신실하게 살아가려는 한 사람의 인생 이야기는 그 어떤 신학책보다 더 강한 감동과 영향을 준다. 동시대의 순례자들에게 일독을 권한다.

김영봉_와싱톤사귐의교회 목사

박영돈 교수가 페이스북을 통해 참으로 많은 사람과 대중적 소통을 하고 있다는 사실은 평소에 그가 핸드폰조차 없이 지내는 것을 아는 동료인 나에게 몹시 의아한 일이었다. 게다가 한국 사회와 교회 그리고 일상을 성찰하면서 써 낸 짧은 글들에 엄청난 그리스도인들이 환호하고 공감해 왔다는 점도 참 놀랍다. 신학적 탄탄함과 영적 깊이를 지닌 신학자가 우리 시대 교회와 사회가 지닌 문제와 개인 내면의 문제에 대해 독수리 같은 예리한 눈과 아우구스티누스와 같은 겸손한 마음으로 씨름하며 묵상한 결과이기 때문이리라. 한 신학자의 보석 같은 지혜와 균형 잡힌 신학적 안목이 담긴 글들을 묶은 이 책은 건강한 교회와 사회에 대한 희망과 불안을 동시에 지니고 살아가는 그리스도인들에게 꼭 필요한 에세이집이 될 것이다.

신원하_고려신학대학원 원장, 기독교윤리학 교수

시대 묵상

IVP(InterVarsity Press)는
캠퍼스와 세상 속의 하나님 나라 운동을 지향하는
IVF(InterVarsity Christian Fellowship)의 출판부로
생각하는 그리스도인을 위한 문서 운동을 실천합니다.

시대 묵상

박영돈

IVP

차례

들어가는 글 | 9

2012년 | 11

스승의 날을 맞아 · 천사를 냉대하다 · 일과 쉼의 리듬 · 첫 인선부터…

2013년 | 21

선생의 역할 · 대통령 취임을 맞아 · 욕망해도 괜찮아 · 설교와 법문 · 젠틀맨 신드롬 · 우울한 일요일 · 우울한 일요일 그 후 · 자녀들을 자유롭게 하라 · 어린아이에게 상처받다 · 사랑의 눈빛에 빚지고 살다 · 대통령에 대한 기본 예우 · 말하기와 글쓰기 · 명절증후군 · 성화는 가능한가? · 해괴한 예배 · 이상한 변신 · 제자에게 얻어먹은 밥

2014년 | 53

절망하지 않기 위해 해야 할 절망 · 이방인의 감사 · 돌 직구를 던지는 여전사 · 돌 직구를 던지는 여전사 2탄 · 세계로병원 · 불편한 메시지에 감사해하는 목사들 · 시들어 감의 미학 · 큰누나 · 목사 설교에 혼자 은혜받고 우는 사모 · 세월호 참사 · 저들의 희생이 헛되지 않게 하소서 · 세월호 참사의 또 다른 희생자들 · 회초리 기도회 · 얼빠진 소리 · 수련회가 아직도 필요한가? · 열정과 무례함의 혼동 · 세월호 참사는 현재진행형 · 마귀화된 기독교 · 할아버지! · 정치의 막장 드라마 · 4대강이 아프다 · 설교 표절 · 성령의 메시지는 표절할 수 없다 ·

신학교와 한국 교회의 미래 · 보수 신학교에서 외면당하는 여성들 · 체면이 밥 먹여 주냐 · 시대를 깨우는 광야의 소리 · 염려에 찌든 목사 · 한 사람이 남기고 간 음악의 의미 · 불후의 명곡과 소모되는 설교 · 외모 콤플렉스 · 잘 팔리는 책 · 12월 전쟁설 · 정말 전쟁이 난다면? · 철책선을 다녀오다 · 아직도 가야 할 길 · 독버섯 같은 설교

2015년 117

금식 못하는 목사 · 자유로울 때가 조심할 때 · 얄궂은 하나님 · 의분과 악 사이에서 · 심리 테스트를 통과하지 못하는 한국 목사들 · 자기 설교에 도취된 목사 · 자투리 인생을 사용하시는 주님 · 목사, 고립에서 나와야 산다 · 광야가 물 댄 동산으로 · 도박의 추억 · 잊지 말아야 할 것 · 세월호가 남긴 상처가 한이 되어 슬피 운다 · 아픔과 더불어 사는 인생 · 사랑의 눈빛 · 쉼 없는 인생 · 목사라서 죄송한 시대 · 무심한 아들 · 종교적 가식 · 출셋길 막는 페이스북 · 죽음을 살아 있게 하라 · 설교단에서 사고 치다 · 신앙 위에 있는 정치 · 화 있을진저! · 외모 지상주의 · 교회의 빈익빈 부익부 · 가나안 교인들의 귀환 · 진정한 고수 · 고수들의 특징 · 갑질하는 목사 · 목사를 탐한 목사 · 전쟁 위기 · 겸손이란 · 영화에서 얻은 통찰 · 교황의 한 수 · 혼자만 충만한 것도 문제 · 개혁주의를 해치는 개혁주의자들 · 어른이 된다는 것 · 수탈 아니라 수출? · 성령 체험 · 아줌마는 못 말려 · 내놓을 것 없는 삶 · 잘 익는 은혜 · 고통을 홀로 느끼며 · 만 보 걷기 · 귀신 잡다가 사람 잡다 · 언론의 배신 · 해괴한 신관 · 흐트러짐의 영성 · 기독교를 망치는 기독교 단체

2016년 191

성적 문의 · 목사가 저지른 살인 · 목사 사례 공개 · 이상한 성령 체험 · 응팔 신드롬 · 국가 화합의 길 · 시대를 앞선 패션 · 신학 사대주의 · 인공지능 시대가 올까? · 자기 때를 아는 지혜 · 설교 표절의 대안 · 반

가운 공중전화 · 오랜만에 투표하다 · 세월호를 잊지 말자 · 조급증과의 싸움 · 진정한 아버지 체험 · 내가 페이스북을 하는 이유 · 직업 소명? · 막글 · "24시간 주님을 바라보자" · 팍스 핸드포나 시대? · 부목사와 담임목사 · 뽀빠이 교수와 건방진 학생 · 내가 설교하는 설교자 · 작은 교회로 떠나세요 · 들으라 부한 자들아 · 만나서 편한 사람 · 면목이 없습니다 · 유명해지려는 욕망 · 아내의 생일 · 김영란법 시행 · 합동 총회 유감 · 위대한 신앙인들 · 최순실 사태를 접하며 · 작은 이들의 큰 구원 · 설교 전과 후 · 아직도 안보 타령? · 진실을 호도하지 말라 · 대통령의 대국민 사과 · 심판자는 존재한다 · 엎친 데 덮친 격 · 좌파 딱지 · 위대한 국민들 · 거짓 선지자의 길을 조심하라 · 대통령 탄핵 소추안 가결 · 예지력 · 진노하는 사랑 · 영화관에서 부흥회를 하다 · 목사의 처우

2017년

탄핵 반대 집회 · "염병하네!" · 평화와 정의의 새날 · 사람을 사랑하는 목회 · 광장 말고 골방! · 인간론 강의를 시작하며 · 탄핵 인용 · 세월호 인양 · 성경은 개인주의 영성을 모른다 · 미세먼지 · 실패에서 시작하는 인생 · 심판의 칼을 빼 들고 달려오시는 하나님 · 비겁한 지도자들 · 하나님의 눈물 · 기타리스트가 되고 싶었던 목사 · 20년 만의 대선 투표 · 성령은 설교자를 먼저 죽이고 일하신다 · 새 대통령에게 바란다

들어가는 글

나는 글을 잘 못 쓴다. 게을러서 글쓰기도 싫어한다. 이런 내가 쓰는 글은 크게 두 종류다. 하나는 교수 일을 하면서 어쩔 수 없이 써야 하는 글이다. 논문이나 청탁받아 쓰는 원고는 영감이 떠오르지 않거나 쓰기 싫어도 꾸역꾸역 써야 한다. 그런데 의무감을 훌훌 벗어 버리고 자유롭게 글을 쓸 때가 있다. 어떤 제약도 받지 않고 내가 쓰고 싶을 때 내가 쓰고 싶은 내용을 쓴다. 글을 쓰지 않을 수 없는 내적 부담을 느끼거나 기발한 착상, 영감이 떠오르는 때가 바로 그때다. 이 책은 바로 그렇게 해서 나온 글을 모은 것이다.

이 책은 특별히 아픈 시대를 함께 지나면서 동시대인들과 나눠 온 시대의 묵상이자 고백이라고 할 수 있다. 글을 쓴 시기가 묘하게도 세월호 참사부터 국정 농단 사태까지 우리 사회가 거쳐 온 격동의 시기와 맞물리기 때문이다. 세월호라는 민족의 비극에서부터 시작된 국가 위기와 혼란 속에서 우리는 헤아릴 수 없는 슬픔과 분노를 느꼈고, 그것을 어떤 방식으로든 분출하지 않고는 견딜 수 없을 정도로 괴로웠다. 나는 많은 사람 안에서 솟구쳐 오르는 절규에 가까운 외침을 조금이나마 대변하는 마음으로 글을 썼고, 그래서 이 글에 공명한 이들이 많았다.

원래 페이스북에 썼던 글을 다듬어 시간의 흐름을 따라 이렇게 엮은 데는 두 가지 의미가 있다. 첫째, 현대 한국사에서 가장 고통스럽고 암울했던 시기에, 한 사람의 시민이자 교회의 선생으로서 어떻게 생각하고 말하며 행동했는지를 기록으로 남기는 것 자체가 중요하다고 생각했다. 후대가 이 시대를 심판할 때, 특별히 교회 지도자들이 어떻게 반응했는지 판단할 때 이 책이 참고 자료가 될 수 있을 것이다. 둘째, 처절하게 아픈 시대를 지나오면서 깨달은 교훈을 우리 마음에 새겨, 많은 사람이 겪은 고난과 희생을 헛되이 흘려보내는 대신, 사회 발전에 기여하는 밑거름이 되게 하고 싶었다.

그렇다고 이 책에 무겁고 심각한 글만 있는 건 아니다. 웃음과 즐거움을 안겨 주는 글들을 곁들였다. 엄혹한 시기를 일상의 소소한 즐거움과 해학으로 극복한 우리들의 이야기를 풀어놓은 것이다.

이 책의 출간을 권유한 IVP 정지영 간사와, 정제되지 않은 광석처럼 거친 내 글을 섬세하고 매끄럽게 다듬어 준 이종연 간사에게 고마움을 표한다. 글을 모으고 간추리는 일로 수고한 황환승 전도사에게도 감사의 인사를 전한다.

2012

스승의 날을 맞아

선생이 된 지 오랜 세월이 지났다. 하지만 나는 아직도 내가 선생이라는 사실을 실감하지 못한다. 스승의 날을 맞아 제자들이 건네는 과분한 축하가 여전히 멋쩍고 쑥스럽기만 하다.

매년 맞이하는 스승의 날은, 망각의 늪에 묻어 두었던 고통스러운 의식이 수면 위로 부상하는 날이다. 내가 선생의 자격이 없는 자라는 의식이 되살아나 선생다운 선생이 되라고 매서운 채찍질을 하는 듯하다. 그래서 제자들에게서 존경과 감사를 표하는 인사를 받을 때마다 일면 흐뭇하면서도 부끄럽고 미안하다. 알량한 신학 지식과 경건의 외양으로 그럴듯한 선생처럼 포장하는 데 능숙한 나를, 너그러운 사랑으로 보아 주는 제자들이 나보다 훨씬 훌륭하다. 행여 그들에게 조금이라도 유익을 끼쳤다면 그것은 전적으로 주님이 은혜와 긍휼을 베푸셨기 때문이다.

선생의 자리에 있는 자들이라면 제자들에게 좋은 본이 되지 못한다고 나처럼 자책하는 경우가 많을 것이다. 그러나 탁월한 스승이신 주님과 성령께서, 선생의 좋은 본뿐 아니라 나쁜 본을 통해서도 제자들을 깨우치실 거라는 소망으로 위로를 삼자. 성령의 인도를 받는 자들은 나쁜 선생을 보며 '나는 절대로 저렇게 하지 말아야지' 하는 더 큰 개혁의 열정을 사른다. 그래서 좋은 본이라고는 눈 씻고 찾아봐도 없는 어두운 시대에 선지자들과 개혁가들이 등장하는 것이다. 난세가 영웅을 만들듯이, 신앙의 세계에서도 영적으로 어두운 시대가 걸쭉한 신앙의 위인들을 탄생시킨다. 지금이 바로 그런 시기가 아닌가 싶다.

그러므로 사랑하는 제자들이여, 본받을 만한 스승이 없다고 이 시대를 탓하지 마시라. 나를 비롯해 대부분의 인간 스승들은 기껏해야 반면교사의 역할이나 할 뿐이다. 우리의 대스승이신 주님이 그대들을 친히 가르치심으로써, 암울한 시대를 밝히는 탁월한 주의 종들이 구름 떼같이 일어나게 하시기를 간절히 소원한다. 2012.05.18

천사를 냉대하다

내가 매주 설교로 섬기는 작은 교회에는 새로운 교인들이 좀처럼 찾아오지 않는다. 그래서 하나님께 새 교인 좀 보내 달라고 기도했다. 그런데 얼마 후, 새로운 분이 오셨다.

일요일 오후만 되면 교회에 들러 몇천 원씩 받아 가던 분이 예배에 참석한 것이다. 그분은 예배 후 식사까지 하고서는 교회 집사가 건네는 5천 원을 받아 갔다.

겉으로는 환영하는 척했지만, 솔직히 어떤 동기로든 교회를 찾아온 사람인데 나는 그분이 그리 달갑지 않았다. 예배 시간에 그분은 진지하게 설교를 경청했고 말씀에 감동을 받았다는 말도 남겼다고 한다. 비록 약간의 재정적 도움을 바라고 왔겠지만 그것이 예배를 드리러 온 이유의 전부는 아닌 것 같다. 아마 주님이 그분의 발걸음을 인도하셨을 것이다. 내가 새로운 교인을 보내 달라고 기도했고 기도의 응답으로 그를 보내 주셨는지도 모른다. 그런데 왜 나는 기쁘지가 않은가? 작은 교회에 조금이라도 기여할 것이 있는 사람들, 돈도 있고 유력한 사람들이 오기를 내심 바랐는데 오히려 도움을 받으려는 사람이 왔다는 생각에 나도 모르게 짜증이 났던 것 같다.

얼마 전 동료 교수가 지인에게 우리 교회를 소개해 주겠다고 했다. 그는 사회적 지위가 아주 높은 분인데 지방에 거주하다가 서울로 올라오게 되어 교회를 새로 정해야 한다고 했다. 나는 그런 이가 우리 교회에 오면 얼마나 좋을까 속으로 생각했다.

그날 밤, 더위 때문인지 좀처럼 잠이 오지 않아 몸을

뒤척이는데 갑자기 야고보서 말씀이 생각났다.

> 만일 너희 회당에 금 가락지를 끼고 아름다운 옷을 입은 사람이 들어오고 또 남루한 옷을 입은 가난한 사람이 들어올 때에 너희가 아름다운 옷을 입은 자를 눈여겨 보고 말하되 여기 좋은 자리에 앉으소서 하고 또 가난한 자에게 말하되 너는 거기 서 있든지 내 발등상 아래에 앉으라 하면. 약 2:2-3

이 말씀을 읽을 때마다 교회에서 어떻게 이런 일이 일어날 수 있을까 궁금했다. 그런데 그날 비로소 말씀이 실감 나게 와닿았다. 내가 바로 영락없는 그 모습이었던 것이다. 겉모습은 달랐지만, 내 마음에는 차별 의식이 가득했다. 장관급 인사가 우리 교회에 새로 왔다면 나는 얼마나 기뻐했을까? 그러나 걸인 같은 이가 오니 거들떠보지도 않았다.

나는 지금까지 교인들을 재산이나 지위, 신분을 기준으로 결코 차별 대우하지 않는다고 나름대로 생각해 왔다. 그런데 이번에 내가 그토록 혐오했던 부패한 목사의 모습이 내 안에 똬리를 틀고 있다는 사실을 발견하고 크게 놀랐다. 참으로 부끄럽고 주님께 송구스럽다. 교회는 가난하고 소외된 이들을 섬겨야 하는데 이 타락한 목사는 눈이 어두워 주님이 보내신 천사 같은 이들을 알아보지 못하고 냉대하였다.

깊이 자성하며 앞으로는 어떤 유력한 이들보다 이런 분들을 더 반기며 섬기는 목회를 하리라 다짐해 본다. 2012.07.26

일과 쉼의 리듬

벼락치기로 미국 동부를 다녀온 후 여독이 풀리지 않아 피곤하기 그지없다. 무리한 여정이기도 했지만 워낙 예민한 기질이라 일과 쉼의 리듬을 잘 맞추지 못한 탓이 클 것이다.

내 속에는 강한 성취욕이 숨어 있다. 그래서 일을 할 때, 주님의 은혜 안에서 안식을 누리며 일하지 못하고, 지나치게 긴장한 상태로 일에 매달리는 경우가 있다. 주님은 우리가 과도하게 긴장하거나 과로하지 않고 일하기를 원하시지만, 우리의 육적 열심은 항상 주님의 은혜를 앞서가는 것 같다. 그러고 나서는 지쳐 탈진해 버린다.

내가 아는 어느 그리스도인의 좌우명은 '넘치게 일하지 말고 넘쳐흐르게 하자'이다. 삶의 철학이 얼마나 멋진가? 하나님의 은혜가 넘쳐흐르게 하는 데는 과도한 율법적 수고와 노력이 필요하지 않다. 단지 은혜가 막힘없이 흐르는 통로가 되도록 주님께 잘 붙어 있으면 된다. 달리면서도 배터리가 자동으로 충전되는 하이브리드 자동차처럼, 우리도 주님의 은혜 안에 거하면 주의 길로 달음질하면서도 영적으로 충전되어 온전한 일과 쉼의 리듬을 누리게 되리라. 오늘도 이런 복된 삶과 사역을 갈망한다. 2012.10.23

첫 인선부터…

교회의 선생으로서 부끄러운 일이지만, 솔직히 나는 정치에 별 관심이 없다. 그러나 지금처럼 정치 때문에 국론이 분열되고 세대나 지역 간 갈등과 반목이 심해지는 모습을 보면 심히 우려스럽다.

박근혜 후보가 이왕에 당선했으니 잘해 주기를 바랐다. 그런데 오늘 당선인 비서실장과 수석대변인 인선을 보니 가슴이 내려앉고 앞이 깜깜하다. 대통령의 최측근으로 일할 수석대변인 자리에 극우 보수 논객으로 알려진 윤창중 씨를 임명한 것이다. 그는 대선 직후 "박근혜 당선인에게 투표하지 않은 48퍼센트의 국민은 반反대한민국 세력"이라고까지 비난했다. 일전에 그가 텔레비전에 출연하여 대선 후보들에 대해 논평하는 것을 들었을 때 받은 인상이 아직도 뚜렷하게 남아 있다. 그의 주장은 나같이 정치적 식견이 부족한 자가 듣기에도 매우 편파적이고 공격적이며 치졸하기까지 했다.

누구라도 말에서 인격을 어느 정도 볼 수 있다. 그의 말을 듣고 난 후, 편견과 독단, 명예욕에 사로잡힌 왜곡된 인격을 접했을 때 느끼는 더러운 기분을 떨쳐 버릴 수 없었다. 그런 사람이 새 대통령에게 이념적이고 정책적인 면에서 은밀한 영향력을 미칠 것을 생각하니 어찌 염려되지 않겠는가? 박 대통령이 해결해야 할 가장 시급하고 중대한 과제는, 그의 말대로 분열된 민심을 추슬러 '국민대통합'을 이루는 것이다. 그런데 지금 그는 그 과업에 완전히 역행하는 선택을 하고 있는 것 같다. 그의 판단 능력이 이 정도밖에 되지 않는다는 말인가? 기도가 절실한 요즘이다. 2012.12.24

2013

선생의 역할

선생의 가장 중요한 역할은 자신은 잊히게 하고 자신이 가리키는 것은 제대로 보여 주는 것이다. 특히, 교회의 선생은 참 선생이신 주님을 가리키는 신호일 뿐이다. 그렇기에 신호판이 화려하고 치장이 유별나서 사람들의 시선과 관심을 차지하면, 정작 신호판이 가리키는 대상을 선명하게 보지 못할 수 있다. 그러면 영적 대형사고가 발생한다.

나 같은 선생들은 영적 혹은 학적 탁월함을 무기로, 사람들의 마음을 홀려 주님께만 바쳐야 할 그들의 존경심을 훔치기 쉽다. 은사와 카리스마가 남다르고 학식과 경륜이 높거나 고차원적 경건의 꼼수로 자신을 완벽하게 포장하는 영특함을 지닌 사람일수록 이런 짓을 할 잠재적 위험성을 안고 있다고 할 수 있다. 이는 마치 순결한 신부를 순결한 신랑에게 중매해야 할 이가 신부를 교묘히 꾀어 신부의 순결을 더럽히는 것과 같다. 우리 선생들이 이런 짓에 얼마나 능통한지 모른다.

요즘은 이런 짓을 잘하는 고단수일수록 유명세를 얻고, 수많은 추종자를 거느린 종교 지도자가 되기 쉽다. 우리 안에는 자신의 탁월함으로 사람들을 매료시켜 자신을 은밀히 추종하게 하려는 교주 근성이 도사리고 있다. 우리는 우상숭배자인 동시에 사람들이 우리를 숭배하도록 유혹하는 우상숭배 유발자들이다.

오늘도 나는, 주님은 잊혀도 나는 영원히 기억되고 추앙받기 원하는 교주 근성이 내 안에서 꿈틀거리는 것을 본다. 그래서 '오호라 나는 곤고한 자로다'라고 외치며 옛 성인의 기도를 반복해서 읊조린다. '주여 저를 악한 저 자신으로부터 구원하여 주소서. 제가 죽지 않게 저를 죽여 주소서.'

하나님께만 돌아가야 할 영광을 가로채려는 악한 내가 죽을 때, 나는 주님만을 충실히 가리키는 것으로 만족하고 즐거워하는 소박한 사인sign으로 기억될 것이다. 2013.01.14

대통령 취임을 맞아

아내가 거실에서 대통령 취임식을 시청하고 있다. 취임식에서 제창하는 애국가가 방에 있는 내 귀에 흘러들어 온다. '하느님이 보우하사'라는 가사가 어느 때보다 깊이 마음에 와닿는다. '그래, 탁월한 영도자가 있어서 이 나라가 잘된 적이 있었던가? 우리 하나님이 지켜 주셨지.' 속생각으로 불안한 마음을 달래 본다.

박근혜 대통령은 거센 반대 여론과 문제 제기에도, 끝내 윤창중 씨를 대변인으로 임명했다. 대화 불통일 뿐 아니라 고집불통인 듯하다. 그럼에도 벌써 다들 몸을 사리기 시작한 탓인지 신랄한 비판이 없다. 그러나 무고한 광주의 시민들을 학살한 살인자가 대통령일 때도 하나님이 보호하셨기에 이 나라가 건재했다. 앞으로도 이 나라를 향한 그분의 긍휼만이 유일한 소망이리라.

그럼에도 나는 박근혜 대통령이 나랏일을 잘해 주기를 기대하고 또 기도한다. 또한 이 나라의 미래가 염려되는 만큼 그리스도인들은 하나님을 의지하고 이 나라를 위해 기도해야 하리라. 2013.02.25

욕망해도 괜찮아

『욕망해도 괜찮아』창비라는 책에서 김두식 교수는 우리 내면에서 꿈틀거리는 욕망의 정체를 적나라하게 까발린다. 발칙한 내용에 심기가 불편하여 이 책을 그리스도인, 특별히 교회의 청소년들이 읽어서는 안 될 금서로 취급할 사람도 있을 것이다.

그의 욕망에 대한 분석, 곧 욕망의 파괴적이고 부패한 성향에 대한 통찰은 미흡하며, 그가 제시한 욕망에 대한 대처 방안은 너무 순진하다. 엄격한 계율에서 벗어나 적정선 안에서 자유롭게 욕망을 배설할 것을 권장하는 그의 주장은 방종을 부추기고 합리화하며 죄책감을 완화해 주는 도구로 이용되기 쉽다. 이런 면에서 이 책은 아쉬운 부분이 제법 있고 기독교적 관점에서 비판받아야 할 부분도 있다.

그럼에도 상식적으로 공감할 수 있는 면들을 진솔하게 풀어놓았다는 점은 긍정적으로 평가할 만하다. 그중 한 대목을 소개한다.

독자 여러분들께는 이런 제안을 해 봅니다. 오늘 내가 하는 말, 쓰는 글 중에 '유명해지고 싶다' 또는 '잘난 척하고 싶다'는 욕망을 지워도 그대로 남아 있을 문장이 몇 개나 될까요. 트위터나 페이스북에 올리는 글 중에 은근히 잘난 척하는 걸 빼고 나면 몇 개나 남을까요. 한번 세어 보십시오. 그런 말을 하지 말고, 그런 글을 쓰지 말자는 이야기가 아닙니다. 그런 말, 그런 글을 빼고는 별로 할 얘기가 없는 게 우리 인간들입니다. 그 사실을 받아들이자는 겁니다. 자신이 욕망의 덩어리임을 인정하고 나면 남을 바라보는 우리의 눈길은 한결 따뜻해질 수밖에 없습니다.

꼭 나를 두고 하는 말 같다. 2013.02.28

설교와 법문

기독교 방송에서 초대형교회 목사의 새벽기도회 설교를 방영한다. 그런데 논리도 뒤죽박죽이고 복음의 내용도 없다. 온갖 질병에 시달리면서도 믿음의 삶을 산 이의 이야기를 예화로 들더니, 바로 이어 믿으면 병이 낫는다며 자신이 병 나은 이야기를 간증한다. 도무지 앞뒤가 맞지 않는다.

그는 믿기만 하면 성공하고 모든 것을 할 수 있다고 떠들어 대면서, 우스꽝스러운 몸짓으로 사람들을 웃겼다. 새벽이건만 그 큰 예배당이 입추의 여지도 없이 꽉 찼다. 참을 수 없는 존재의 가벼움을 느끼게 하는 저런 설교를 들으려고 그토록 많은 사람이 이른 아침부터 모인 것인가. 이는 부흥의 증거인가 한국 교회 몰락의 징후인가.

쓸쓸한 마음으로 채널을 돌렸는데 불교 방송에서 법정 스님 타계 3주기를 추모하며 그가 인도한 법회를 재방송한다. 그의 태도는 매우 진중하고 차분하며 강의 내용은 논리 정연하다. 삶의 지혜와 통찰도 깃들어 있어, 앞서 본 목사의 천박하기 짝이 없는 설교와 비교가 된다.

법정 스님은 절이나 교회가 너무 부요하고 화려해지고 있다고 질타했다. 법회가 끝나고 돈 이야기를 하는 것은 법문을 모독하는 것이라고 일침을 가하기도 했다(교회에서 부흥회를 열어 헌금을 거두듯이 절에서도 법회를 열고 기부금을 요청하는 모양이다). 웅장한 예배당, 수적 위력을 자랑하는 제왕적 목사의 탐욕과 비교가 된다. 세상 사람들은 이 두 사람을 보고 무엇을 느낄까? 기독교에 대한 신뢰도가 불교보다 뒤처지는 이유를 알 만하다.

법정 스님을 치켜세우고 대형교회 목사를 깎아내리려는 것이 아니다. 법정 스님의 사상에 동의하는 것도 아니다. 내가 문제 삼는 것은, 진리를 소유했다고 주장하는 사람들이 어찌하여 타 종교인보다 경박하고 속물스러운가 하는 점이다. 진리를 소유했다면, 다른 이들보다 더 순수하고 겸손하며 청빈하고 진실함으로써 진리를 빛내는 것이 당연하지 않은가? 믿음이 모든 거짓과 위선에 면죄부를 주는 것이 아니다. 하나님을 믿는다는 명분으로 우리의 탐심이나 우상숭배를 위장할 수는 없다. 하나님 운운하며 신실하게 말씀을 따르지 않고 그분의 이름을 더럽히는 교회에는 하나님의 엄

중한 심판이 임할 것이다. 2013.03.08

젠틀맨 신드롬

　가수 싸이의 '젠틀맨'이 '강남 스타일'에 이어 세계적 돌풍을 일으키고 있다. 한편에서는 젠틀맨 불매 운동을 전개해야 한다고 열을 올리는가 하면 다른 한편에서는 그렇게 과민 반응을 보일 필요가 있느냐는 볼멘소리도 하는 등 반응이 다양하다. 모두 나름대로 일리 있는 주장이다. 어린아이들에게 좋지 않은 영향을 미칠 것을 염려하는 목소리도 이해할 만하고, 세속의 문화를 거룩한 잣대로 일일이 검열하여 반대하는 것은 우스꽝스럽다는 지적도 타당하다.

　이를 두고 논쟁을 계속하는 것보다는, 이런 문화 현상을 분별하는 지혜를 갖는 게 더 필요하다. 싸이는 이 노래에서 현대인의 이중성, 특히 젠틀한 외양에 가려진 인간의 저열함을 폭로한다. 이런 기발한 착상은 보는 이들에게 통쾌함과 찔림을 동시에 줌으로써 묘한 카타르시스를 느끼게 한다.

　그러나 강남 스타일이나 젠틀맨이 인기몰이에 성공한 이유는 다른 데 있는지도 모른다. 프로이트 Sigmund Freud 가 말한 인간의 원초적 욕구인 성적 욕망과 심리에 기발하게 부응했기 때문은 아닐까? 현대사회에서 돈을 벌고 인기를 얻고 성공을 하기 위해서는 인간의 은밀한 욕망을 잘 이용할 줄 알아야 한다. 아이돌은 음악성만으로는 '뜰 수' 없다. 섹시한 외모와 몸매로 대중의 눈길을 사로잡아야 한다. 걸그룹들이 경쟁하듯 노골적으로 섹스어필을 하는 이유가 그들 안의 허영심, 인기에 대한 열병 때문일 수도 있으나 그들 뒤에는 그들의 성공을 이용해 한몫 챙기려는 이들, 곧 물질과 권력을 욕망하는 이들도 있다. 인간의 대표적 욕망들, 곧 돈과 섹스와 권력에 대한 욕망이 모이고 뒤엉켜 음란하고 저급한 세속문화를 만들어 내고 있는 것이다.

강남 스타일이나 젠틀맨이 각광받는 이유 중 하나도 성적 욕망과 심리를 기막히게 잘 이용하고 자극하기 때문은 아닐까? 만약 싸이의 뮤직비디오에서 섹스어필하는 동작이나, 백댄서로 출연한 여성들이 사라져도 사람들이 지금처럼 호응할까? 싸이의 노래로 세계가 들썩거리고 있다고 나라의 위상이 높아진 것처럼 좋아할 일만은 아니다. 세상 사람들 모두가 싸이의 음악에 맞추어 궁둥이를 흔들지는 않는다.

이왕이면 우리나라가 좀더 건강한 대중문화를 만들어 내는 근원지 역할을 하면 좋겠다. 더불어 우리 그리스도인들은 대중문화를 속된 것으로 터부시하고 멀리할 것이 아니라, 그것을 새롭게 해야 하는 사명이 있음을 기억해야 한다. 그러나 젠틀맨 뮤직비디오에 대해 지나치게 과민 반응을 보이고, 집단행동을 하는 것은 지혜롭지 못하고 오히려 역효과를 불러올 수 있다. 물론 이 글은 나의 개인적 생각일 뿐이며 우리 모두는 각자 달리 생각할 자유가 있다. 2013.04.16

우울한 일요일

지난 일요일, 우리 교회에 나온 지 얼마 되지 않은 자매가 처한 말할 수 없이 힘든 상황을 들은 후로 지금까지 마음이 미어진다. 개인 신상에 관한 내용이라 밝힐 수는 없지만 사연을 듣다 보니, 내가 다 억장이 무너지는 것 같았다. 하염없이 눈물을 흘리는 그를 위해 잠시 기도를 해 주는데 어지간해서는 눈물이 나지 않는 나도 울음을 꾹 참아야 했다.

이처럼 간혹 교인들 중에 필설로 형용할 수 없는 고통과 참담한 현실에 짓눌려 어찌할 바를 모르고 그 답답한 심정을 목사에게나마 눈물로 털어놓는 이가 있다. 처절한 고통에 처한 이가 하나님 앞에서 우는 것 외에 무엇을 할 수 있을까? 우는 이와 함께 울어 주는 것 외에 목사가 해 줄 수 있는 것이 무엇이 있을까? 목사가 된 지 오랜 세월이 흐른 후에야 우는 이와 함께 울라는 말씀을 아주 미미하게나마 체득하고 있다.

오늘 아침 눈을 뜨자마자 그녀의 처지가 생각나 기도했다. 교인의 아픔과 힘든 형편을 돌아보며 마음이 무겁고 우울한 시간을 보내야 하는 것 또한 목사가 감내해야 할 몫인 듯하다.

목회가 행복하다고 말하는 이들을 보면 참 부럽다. 깨진 세상의 척박한 목회 현실 속에서 보대끼다 보니 '누가 목회를 행복하다고 했는가' 하는 푸념도 하게 된다. 물론 십자가의 길에 주님의 위로와 은혜가 함께하니 행복하다고 할 수 있을 것이다. 그러나 주님의 위로가 우리의 고통과 아픔과 탄식을 아주 면제해 주지는 못하니 어찌하랴. 2013.04.29

우울한 일요일
그 후

괴로운 문제를 안고 눈물 흘리던 자매가 오늘 아주 밝은 얼굴로 교회에 왔다. 해결책이 요원해 보이기만 했던 문제가 실타래처럼 술술 풀려 해결 국면으로 접어드는 신기한 일이 벌어진 것이다. 지난주 내도록 그 자매가 마음에 걸려

기도하지 않을 수 없었다. 교회 기도팀에도 특별기도 요청을 하여 온 교회가 그녀를 위해 기도했는데 주님이 우리의 기도에 응답하신 것 같다. 사실 기도를 하면서도 이렇게 신속하게 상황이 호전되리라고는 기대하지 않았는데 뜻밖의 은총에 감사할 따름이다. 우는 자와 함께 울며 그를 위해 기도하는 작은 무리를 주님이 외면하지 않으신다는 사실을 다시 한 번 체험한 시간이었다. 같이 기도해 주신 페이스북 친구들께 감사드린다. 그 자매를 위한 기도와 돌봄은 아직 더 필요하다.

그 자매의 문제가 잘 풀려 한시름 덜었지만 집으로 돌아오는 길 내내 우울했다. 설교를 죽 쒔기 때문이다. 얼마 전 어느 신학 포럼에서 성령에 이끌리는 설교를 해야 한다고 열변을 토해 놓고, 나는 맥없이 질질 끄는 설교를 했다. '너나 잘하세요'라는 소리가 귓가를 맴도는 듯하다. 더 납작 엎드려 내 입을 티끌에 대야 할 모양이다. 2013.05.05

자녀들을 자유롭게 하라

자녀 신앙 교육에 유별난 부모들이 있다. 열의가 아예

없는 것도 문제지만, 열의 넘치는 부모가 범하는 오류 또한 만만치 않다. 어떤 교인은 자녀가 어릴 때부터 신앙을 강압하여 그들이 신앙생활에 질리게 만들어 버린다. 가령, 어린 아이들을 데려다 놓고 한 시간 이상 가정예배를 드리고서는, 태도가 안 좋다고 예배 후에 고문 같은 잔소리를 늘어놓는다. 그런가 하면 은혜로운 분위기 속에서 자녀들을 키우고 싶다는 이유로, 자녀들이 개그 프로그램을 보면서 히죽거린다고 혼꾸멍내기도 한다. 그런 가정의 자녀들은 친구들 사이에서 인기 있는 드라마를 보고 싶어도 부모의 눈초리가 무서워 꾹 참아야 한다. 부모의 선한 의도와는 달리, 이런 가정에서 자라는 아이들은 숨 막혀하고, 부모들은 스스로 율법의 화신이 되어 버린다.

경건이라는 명분으로 자녀들을 억압하지 말아야 한다. 그들이 복음 안에서 자유를 누리게 해야 한다. 아이는 아이다워야 하지 않겠는가? 아이들에게 부모가 기대하는 어른의 믿음과 영성을 요구할 수 없다. 한평생 신앙생활을 해도 제대로 믿지 못하는데 어린 자녀들이 금방 믿음의 사람이 되기를 바랄 수는 없다. 육체가 기나긴 과정을 거치며 성숙하듯 우리의 영도 질곡을 굽이굽이 거치며 서서히 성장한다. 그 과정에서 방황도 하고 죄에 빠지기도 하는 등 시행착오를 거치며 바른 삶과 신앙을 조금씩 터득하는 것이다.

부모는 자녀가 부모 속 썩이지 않고 반듯하게 자라 주기를 바라지만, 자녀는 부모가 구상하고 설계한 대로 움직이는 기계가 아니다. 하나님이 만드신 신묘막측한 생명체이자, 죄로 인해 말할 수 없이 복잡해진 성장 회로 속에서 타락과 침체와 회복을 거듭하며 성장하는 존재다.

율법은 죄의 여로를 결코 용납하지 못하며 일말의 긍휼도 베풀지 않고, 올곧은 지름길로 갈 것을 요구한다. 그러나 은혜는 한없이 꾸불텅한 방황의 길, 죄로 점철된 길까지도 용납한다. 자녀들이 조금이라도 빗나가는 것을 보지 못하고 신앙을 강압하는 이유가, 오래 참음이라는 산고가 뒤따르는 십자가의 길을 따라서 자녀들을 양육하는 것을 두려워하고 회피하고 싶기 때문은 아닌가?

그러나 우리 하늘 아버지는, 죄의 미로를 거쳐 멀고 먼 길을 돌아 당신의 품에 안기는 길을 택하는 우리의 어리석음과 완고함을 용납하신다. 말할 수 없는 슬픔과 아픔으로 오래 기다리시는 고난을 감수하시면서도 말이다. 오래 참으시는 놀라운 하나님의 사랑과 인자하심이, 죄 속에 푹 절어 있는 가련한 탕자들이 마침내 그분께 무릎 꿇게 한다.

우리 부모들도 하나님처럼, 율법이 아니라 복음을 따라 온유함과 오래 참음으로 자녀들을 양육해야 할 것이다. 교회 역사 속 많은 신앙의 인물들은 부모의 가슴앓이를 통해 다시 태어났다. 오래 참는 사랑으로 기다려 주고 기도해 주는 부모를 둔 자녀는 결코 망하지 않는다. 2013.05.06

어린아이에게 상처받다

나는 내 얼굴에 대한 콤플렉스가 심하다. 목사가 부드럽고 온화하게 보여야 할 텐데, 내 인상은 날카롭고 무섭다고 한다. 그래서 별명도 '칼빈'이다. 칼로 싹 빈 것 같은 얼굴이라는 것이다. 이런 말을 들을 때마다 씁쓸하다. 어떤 목사는 그 얼굴만 봐도 교인들이 은혜를 받는다고 하는데 나는 얼굴에서 이미 점수가 깎이고 들어간다. 사람의 내면세계가 얼굴에 어느 정도 표출되니, 성령 충만하여 내 얼굴까지 은혜롭게 보이기를 오랫동안 간절히 바라고 기도해 왔건만 별 진전이 없다. 마흔이 되면 얼굴에 책임을 질 수 있어야 한다고도 하는데 예순이 된 내 얼굴은 궁색하다.

지난 주말, 교회 수련회에서 있었던 일이다. 그리스도인이 성령으로 충만하면 주님의 아름다운 형상을 전체적으로 반영해야 한다는 말씀을 전하면서 나는 목사로서 인상이 부드럽지 못하고 날카로워서 고민이라고 말했다. 그러자 새 교우의 자녀인 초등학교 2학년 여자아이가 나를 향해 큰 소리로 말했다. "무서워요. 나쁜 사람처럼 생겼어요!" 설교 중에 이런 돌출 반응을 접한 것이 처음이라 당황했지만 센스 있게 웃고 넘어갔다. 그러나 아무렇지 않은 듯 웃으면서도 속으로는 표현할 수 없을 만큼 민망하고 부끄러웠다. 심한 수치를 당한 것만 같았다. 그 아이의 행동이 상식적이지는 않았지만, 어린아이의 눈은 속일 수 없는 것이 아닌가.

어제, 그 아이를 다시 만났을 때 나는 웃는 얼굴로 반겨 주었다. 하지만 그 아이는 나를 보고 또 무섭다고 말했다. 전에 비해 인상이 부드러워졌다고 생각하던 나에게 하나님이 메신저를 보내신 걸까? 자신을 다시 돌아보라고 말이다. 내 얼굴 때문에 교인들이 시험에 들지 않게 해 달라고 오래 전부터 애타게 기도했는데, 왜 하나님은 나의 기도는 들어주지 않으시고 내 마음을 찌르는 메신저만 보내시는 걸까? 하나님에 대한 반항심과 더욱 낮아지라는 내면의 소리가 교차한다. 싱숭생숭한 마음으로 한 주를 시작한다. 2013.05.20

사랑의 눈빛에
빚지고 살다

　어린아이의 한마디 말에 상처받았다고 페이스북에 궁상을 떨면서 남긴 쪼잔한 목사의 넋두리에 위로의 댓글이 차고 넘친다. 댓글들을 보며 내가 참 많은 빚을 지고 살았음을 절감했다. 주님의 은혜요, 제자들과 교우들의 은혜구나 하는 감사가 밀려온다. 주님이 사랑과 긍휼의 눈빛으로 봐 주셨기에, 주님의 그 눈빛을 그들의 눈에 담아 나에게 전달해 준 아내와 가족, 제자들과 교우들이 있었기에 자격 없는 자가 분에 넘치는 칭찬을 누리며 선생 노릇을 해 올 수 있었다. 나는 누구보다 사랑의 눈빛에 많은 빚을 진 사람이다. 그러니 이 빚을 조금이라도 갚으며 살아야 하리라.

　내가 선생 노릇을 하기는 하지만, 제자들과 교우들이 사실은 나의 선생님이다. 그들이 사랑의 눈빛으로 누군가를 바라보도록 가르쳐 주기 때문이다. 나는 천성이 삐딱하고 예민한 데다 30년 동안 비판하고 분석하는 조직신학을 연구하고 가르쳐 온 터라, 학문을 대할 때뿐 아니라 사람을 바라볼 때도 날카로운 비판 의식이 자동적으로 작용하는 것 같다. 사람들의 위선과 거짓을 끄집어내는 혜안이라도 가진 듯 세모꼴로 세운 눈살로 사람들을 바라본 것이다. 그래서 내 인상이 날카로워진 게 아닌가 싶다.

부드러운 곡선의 눈이 세모꼴의 눈을 치유한다. 자신을 바라봐 주는 과분한 사랑과 긍휼의 눈빛을 느낄 때 세모꼴로 째진 눈은 그 은혜에 놀라 동그랗게 변하고, 싸늘한 눈빛 대신 따스한 사랑을 담은 눈빛을 발산한다. 사랑의 눈빛은 그 눈빛을 받는 대상을 변화시키는 놀라운 파워 transforming power가 있다. 성령의 은혜가 사랑의 눈빛을 타고 흐르고, 사랑의 눈빛은 상대가 주님의 은혜로 변화될 때까지 그 사람을 기다리며 봐준다.

흠집을 파내기 위해 매섭고 핏발 선 눈빛들만 이글거리는 험악하고 흉흉한 세상이지만, 사랑과 긍휼의 눈빛으로 자격 없는 나를 바라봐 주는 제자들이 있다. 그들의 눈빛이 내가 사랑의 빚을 갚는 눈빛을 가진 선생이 되는 기적을 일으켜 주리라. 2013.05.24

대통령에 대한 기본 예우

개그우먼 정은선이 KBS 〈개그콘서트〉에서 박근혜 대통령으로 분장하고 나와 관중들과 시청자들을 빵 터지게 했다는 뉴스를 보았다. 보는 이의 눈을 의심하게 만들 정도로 얼굴 표정과 몸짓 연기가 비슷했고, 약간 구부정한 자세로 악수를 하며 "아이고 수고하십니다"라고 말하는 목소리까지 판박이였다. 아주 멋진 연기였다. 웬만한 개그 쇼에도 웃지 않는 나도 웃음을 터트렸다. 시청자들에게 상큼한 재미를 선사한 좋은 개그라고 생각했다.

그런데 그 영상에 달린 댓글을 보니, 나와 비슷한 반응을 보인 누리꾼도 많았지만, 의외로 독설을 쏟아 낸 댓글도 많았다. 입에 담을 수 없을 만큼 저질스러운 욕설과 막말이 난무하여 큰 충격을 받았다. 마치 인간의 마음 저 밑바닥에서부터 올라온 악의 찌끼를 보는 것 같아 역했다. 개혁신학에서 가르치는 인간의 전적 부패를 이해하기 위해서는 이런 댓글만 읽어도 충분할 것 같다.

SNS에서는 상식 이하의 저질적 언사를 일삼아도 개인의 신상이나 인격이 쉽게 드러나지 않아 불이익을 당할 일이 적다. 그럴 때 익명성이라는 방패 뒤에 숨어 자신의 본색을 여지없이 드러내는 사람들이 있다. 그 모습이 바로 그들의 참모습이라고 생각한다. 그들 마음에 가득한 무언가가 입으로, 글로 흘러나오는 것이다.

만약, 유신 독재 혹은 군사 독재 시대처럼 검열과 처벌이 심했다면, 몸 사리느라 그런 글을 올릴 엄두도 내지 못했을 것이다. 당시 대통령을 비난하고 조소하는 글은 정말 간 큰 사람만 쓸 수 있었다. 쓴소리를 해야 할 때는 꼬리를 내리고 가만히 있다가 정작 자유롭게 말할 수 있게 되니, 인간의 기본 예의마저 차리지 않고 비겁함의 극치를 드러낸다.

내가 좋아하든 싫어하든, 어찌 한 국가의 대통령에게 '○○' 같은 욕을 할 수 있을까? 유신 독재 시대에 자란 나는 박정희 전 대통령이나 박근혜 대통령을 그리 좋아하지 않는다. 그러나 모든 국민은 개인의 호불호를 떠나 자국의 대통령에 대한 기본 예우를 갖춰야 한다. 2013.06.10

말하기와 글쓰기

전에 옥한흠 목사님이 자신은 포장에 능한 자라고 고백하는 것을 들었다. 그분의 말대로, 목사 혹은 신학자는 성경 지식이나 설교를 통해 스스로를 의식 있고 개혁적이며 참신한 사람이라고 쉽게 포장할 수 있다. 하나님의 말씀을 전하는 것을 업으로 삼고 사는 사람들은 경건한 말만 하면서 살다가 실제로 자신이 경건하다는 착각에 이르기도 한다. 그런 점에서 종교 지도자들이 참된 자아를 잃어버릴 위험이 가장 크다. 사도 바울도 남에게 전파한 후에 자신은 버림을 당할까 봐 두렵다고 했다.^{고전 9:27}

사실, 목회를 하다 보면 자신이 전하는 말씀대로 살고 있는지 돌아볼 겨를도 없이 분주하게 살기 쉽다. 어떤 에세이 제목처럼 '쇼는 계속되어야' 하기에 도저히 설교할 수 없는 상태임에도 설교를 해야만 하는 상황에 처하기도 한다. 자기를 알리고 계시하는 수단이 곧 말과 글일진대, 진실하게 자신을 계시하기보다는 교묘하게 위장하고 미화하는 수단으로 말과 글을 이용하기가 쉬우니 참으로 아이러니하다. 특히 지식이 많고, 두뇌 회전이 빠르며, 언변이나 글솜씨가 뛰어난 사람일수록 다른 사람이 눈치채지 못하게 포장을 잘한다. 그 포장술 또한 대단한 기술이기는 하다.

그러니 말이나 글에 순진하게 매료될 필요도 없고, 너무 냉소할 필요도 없다. 다른 이의 글 속에 서린 욕망이 내 안에도 고스란히 자리 잡은 채 꿈틀대고 있으니 서로가 서로를 불쌍히 여겨야 할 것이다. 말하고 글을 쓸 때 용서와 자비가 필요함을 인식하고 겸손하면 좋겠다. 다른 이의 말을 듣고 글을 읽을 때는 긍휼을 베풀면 좋겠다. 2013.08.12

명절증후군

추석이라고 시집간 딸이 하룻밤 묵고 갔다. 딸을 기차역까지 배웅하고 돌아오는데, 아내가 딸이 가니 섭섭하다고 한다. 딸이 결혼할 때도 하지 않은 말을 하니 내 마음도 짠했다.

자녀들이 명절에 다녀간 후에 노인들이 허전함과 외로움에 시달리는 명절증후군을 겪는다는 얘기를 들었는데, 그들의 마음이 이해가 간다. 명절이 지나고 부모님들에게 전화로라도 자주 문안하는 배려가 필요한 것 같다. 나도 이제 노인이 되어 가나 보다. 2013.09.20

성화는 가능한가?

"성화라는 것이 있어?" 오래전 잘 아는 교수가 스치듯 던진 이 한마디가 지금도 잊히지 않는다. 평생 고민하고 풀어야 할 과제라도 안은 듯 긴 여운이 남았다. 왜 이 말이 그토록 특별하게 들렸을까? 그 이유는 이 말을 한 교수가 다름 아닌 성화론으로 박사 학위를 받은 이였고, 성령론과 성화론을 전공한 내 속에 억눌려 있던 회의와 의문 또한 그

말에서 시원한 배출구를 찾았기 때문일 것이다.

성화를 연구하면 할수록 고민이 해소되지 않고 커져만 간다. 성화되어야 한다는 당위와 성화되지 않는 현실 사이의 엄청난 괴리 때문에 고뇌와 갈등은 깊어진다. 그리스도 안에서 성화된다는 것은 너무도 명백한 성경적 진리지만 예수를 믿어도 변하지 않는 이들로 큰 무리를 이루고 있는 한국 교회의 현실 앞에서는 과연 이 말이 진리인가에 대한 짙은 회의가 몰려온다.

전에 부교역자로 봉사하던 교회에서 있었던 일이다. 담임목사가 부목사들에게 교인들을 성화시키려 하지 말라고 한 적이 있다. 그분은 신학 박사였고 후에 유명 신학교 총장까지 지내셨다. 당시 그 말은 나에게 큰 충격을 주었다. 교회 사역을 30년 하고 난 지금에 와서야 그분의 의도를 어느 정도 이해하게 되었다. 그 목사님은 오랜 목회 경험을 통해 교인들이 변하지 않는다는 사실을 절절히 체험한 후, 후배들에게 괜히 마음고생하며 헛수고하지 말라는 실질적 조언을 한 것이다. 차라리 그 목사님의 말대로 성화에 대한 기대를 접고 목회를 하면 교인들이 변하지 않는다고 실망하거나 애태울 일이 없으니 목회가 좀더 편해질지 모르겠다.

실제로 목회하는 햇수가 늘어날수록 예수를 믿으면 성화된다는 진리를 확신하게 되기보다는 사람은 변하지 않는다는 사실을 경험적으로 확인하게 된다. 그래서 목회자들은 이론적으로는 성화의 교리를 인정할지라도 실제로는 예수를 믿어도 사람은 변하지 않는다는 암묵적 교리를 굳게 신봉하게 된다. 한국 교회의 실패는 성화의 실패라고 할 수 있고, 이 실패가 불러온 더 심각한 문제는 한국 교회가 불신의 포로가 되었다는 사실이다. 수십 년 성화를 가르치고 외쳐도 지긋지긋하게 변하지 않는 자신과 교인들의 모습을 보면서 목사들은 자신도 모르게 성화의 가능성을 회의하게 되고 믿음을 잃어 간다. 교인들 또한 오랜 신앙생활에도 변하지 않는 자신을 보면서 성화를 기대하지 않게 된다.

이같이 성화를 믿지 못하게 막는 가장 큰 걸림돌은 오랜 실패의 경험이다. 실패의 악순환이 계속되면 변화될 수 있다는 일말의 희망과 믿음마저 상실하게 된다. 더욱이 변화되지 않는 현상이 한국 교회에 광범위하게 퍼져 보편화될 때, 한국 교회 전체와 교인들이 예수를 믿어도 변하지 않는다는 확신을 뒷받침하는 강력한 산 증인들이 된다. 이토록 분명한 경험적 증거 앞에 어떤 성화의 이론도 무색해지고 설득력을 잃게 되는 것이다. 오히려 수많은 교인들의 삶과 경험에서 확실하게 검증된 암묵적 교리, 사람은 변하지 않는다는 생각이 절대 진리처럼 교인들과 목사들의 뇌리에 깊이 각인되어 그들의 생각과 삶과 목회를 지배한다.

성화는 과연 가능한가? 이는 한국 교회가 이론적으로 또 경험적으로 시급히 풀어야 할 과제다. 한국 교회가 새로워지기 위해서는 무엇보다 예수를 믿어도 사람은 변하지 않는다는 불신의 사고에 사로잡힌 이들이 자유를 얻도록 해야 한다. 복음 사역자들 먼저 이 뿌리 깊은 불신에서 돌이켜 복음의 능력에 대한 믿음을 회복해야 한다. 우리가 마주한 현실이 난공불락처럼 보일지라도, 사람이 변하지 않는다는 사실이 경험상 영원불변의 법칙으로 보일지라도 성경 진리에 대한 믿음을 잃지 말아야 한다. 오래 참고 기다려야 하지만 충실한 복음 사역을 통해 성화의 열매는 반드시 나타난다. 복음의 능력은 사람을 그리스도의 형상으로 변화시킨다. 만약 이것이 사실이 아니라면 복음은 모두 거짓말이 된다. 나는 요즘 작은 교회를 섬기면서 성화는 가능하다는 사실을 확인하고 있다. 2013.09.25

해괴한 예배

별세한 목사의 설교를 들으며 예배를 드리는 교회가 있다고 한다. 참으로 희한한 교회다. 고인이 된 목사의 설교 동영상을 보고 은혜를 누릴 수는 있다. 그러나 매주 예배 때마다 설교자도 없이 죽은 이의 설교 영상을 보며 예배를 드리는 것은 살아 있는 설교자의 인격을 통해 말씀하시는 성령의 인격적 임재와 역사를 무시하는 것이며 예배의 본질을 심대하게 변질시키고 죽은 자를 숭배하는 망령된 짓이나 다름없다. 차라리 설교 사역을 시작한 지 얼마되지 않아 좀 서투를지라도 살아 있는 전도사가 설교하는 것이 백배 낫다.

도대체 그의 설교가 얼마나 탁월하기에 그토록 많은 사람이 매료되는지 궁금해서 설교를 자세히 들어 보았다. 그의 설교에는 상당한 호소력과 논리적 일관성이 있었다. 다른 설교에서 들을 수 없는 톡톡 튀는 멘트와 아이디어도 풍성했다. 무엇보다 교인들이 안고 있는 신앙생활의 고뇌를 시원하게 풀어주는 독특한 매력이 있었다. 그래서 사람들이 그의 설교에 끌리는 모양이다. 그러나 그의 설교는 복음의 균형이 심각하게 깨져 있었다. 특별히 성화에 대한 메시지는 성경적 가르침에서 상당히 빗나가 있다. 탁월한 언변과 카리스마, 인간적 영특함으로 감쪽같이 포장된 비복음적 메시지에 열광하는 교인들이 참으로 많다는 사실에 씁쓸한 마음 금할 길이 없다. 2013.11.27

이상한
변신

요즘 내가 공공의 적이 되어 버렸다. 전에 쓴 책에서 나는 온갖 기득권을 누리면서도 비리로 얼룩진 유명한 목사들의 실명을 거론하며 비판하고 대형교회뿐 아니라 작은 교회와 목사들의 문제까지도 지적하였다. 목사뿐 아니라 교인들의 어리석음도 비판하였다. 신학교와 신학 교수들의 문제, 설교와 전도의 문제, 기독교 방송과 기독교 출판사들의 상업주의에 대해서도 일갈하였다. 거의 모든 교회와 목사와 교인들을 적으로 만들어 버린 셈이다.

나를 잘 모르는 사람들은 내가 사랑이나 인정머리라고는 전혀 없이 비난을 일삼는 쌈닭, 표독스럽고 왜곡된 인격의 소유자, 아니면 심각한 선지자 콤플렉스와 망상에 사로잡힌 불안한 심리의 소유자라고 생각할 수도 있을 것이다. 반면 나를 잘 아는 사람들은 이런 이상한 변신에 좀 놀랐을지도 모른다. 주위 사람들은 내가 웬만해서는 싫은 소리를 하지 않는 부드럽고 적이 없는 원만한 사람이라고 알고 있기 때문이다. 하지만 어쩌면 그것은 사람들의 좋은 평판과 인기를 누리기 위한 처세술이었는지도 모른다. 사실 괜히 쓴소리를 하며 적을 만들고 미움을 사고 싶지 않았다. 그래서 동료 목사가 나에게 보신주의자라고 말한 적도 했다.

30년 전, 전도사 시절에 나는 다른 신학생들에게 '박 선지자'라는 말을 들을 정도로 비판의 명수였다. 그러나 30년이라는 긴 세월 동안 고난과 낮아짐의 훈련을 통해 주님의 교회와 백성들을 함부로 비판하지 않아야 한다는 뼈아픈 교훈을 체득하였다. 개혁의 의지와 열정의 불이 뜨겁게 타올랐지만, 성급하게 비판하지 않고 침묵하는 훈련을 거쳤다.

그러는 동안 비판의 칼날이 녹슬고 무뎌졌다. 그런데 최근 거의 못 쓰게 된 검을 다시 빼 들고 어쭙잖은 검객 행세를 하게 되었다. 사람이 나이 들면 힘이 빠져서라도 무뎌지고 부드러워지는 법인데, 나는 아무래도 거꾸로 자라는 모양이다. 그렇게 소심했던 내가 예순이 되어 망령이 들었는지 회까닥 돌변했다.

죽을 때가 가까운 것일까? 그래서 좋은 평판을 잃고 미움을 사지 않을까 두려워하기보다는, 곧 대면할 주님의 낯을 더 의식하는 걸까? 그렇다면 참 좋을 텐데, 자신 있게 말하지는 못하겠다. 다만, 30년 전 비판에만 능했던 때에 비하면 지금의 나는 주님의 영광과 주님의 교회를 위하는 마음이 조금은 더 깊어진 것 같다. 그래서 더 이상 몸을 사리지 않기로 했다.

한국 교회에서 위로와 축복, 용서의 따뜻한 메시지를

전하면 백만 인의 연인으로 사랑받을 수 있다. 그러나 까칠한 비판을 발하면 사랑과 은혜 없는 자로 매도당하는 수모와 설움을 감내해야 한다. 그래도 누군가는 비난의 화살을 각오하고 악역을 담당해야 한다. 이것이 이 시대 그리스도인의 사명이다. 2013.11.29

제자에게 얻어먹은 밥

지난달 향상교회 담임목사가 된 김석홍 목사가 식사 대접을 하고 싶다고 찾아왔다. 의젓한 담임목사가 되어 찾아온 제자에게 처음 얻어먹는 밥이라 그런지 배만이 아니라 마음까지 부르게 하는 특별한 재료로 만든 음식을 먹은 것 같았다.

모범 교회로 알려진 향상교회에서 이번에 김 목사를 담임목사로 세운 것은 평소의 까다로운 청빙 절차를 깨트린, 획기적이고 파격적인 인선이었다. 굴지의 교회들이 목사 청빙을 할 때 요구하는 화려한 스펙이 김 목사에게는 거의 없다. 그는 담임 목회 경력도 전무하고 목회학 박사 학위도 없는 풋내기 부목사였다. 그러나 그는 진실함과 순전함을 비롯해 목사로서 갖춰야 할 기본 자질을 지니고 있다. 신학교를 다닐 때 나의 조교였던 그는 나이에 비해 속이 깊었고, 학업과 경건 훈련 모두에 성실히 임하는 모범생이었다.

　김 목사의 예에서 볼 수 있듯이, 좋은 목사의 자격은 거창한 이력과 스펙에 있지 않다. 중요한 것은 기본에 얼마나 충실한가다. 부르심을 입은 사람이 진실한 인격을 바탕으로 신학교 3년 과정을 충실히 따르면 좋은 목사로서의 자격은 충분히 갖출 수 있다. 이를 토대로 꾸준히 공부하고 자기 발전을 위해 노력한다면, 구태여 목회학 석사 이상의 학위를 취득하기 위해 물질과 시간을 소진하지 않아도 된다.

　기본이 부실한 사람들이 화려한 스펙으로 공백을 메꿔 자신을 그럴싸하게 포장하고, 박사 학위와 같은 자격을 요구하는 교계의 세속적 청빙 행태가 목사들이 허황된 것을 추구하도록 자극한다. 이번에 향상교회는 교회에서 검증된 부목사들 가운데 담임목사를 세움으로써 바람직한 청빙 사례를 보여 주었다. 이런 참신한 모델을 통해 한국 교회에 새로운 청빙 문화가 확산되기를 소원한다. 2013.12.11

2014

절망하지 않기 위해 해야 할 절망

실존주의 철학자 쇠렌 키르케고르^{Søren kierkegaard}는 평생을 비관적이고 우울한 성향에서 자유롭지 못했다. 그는 우울증을 떨쳐 버리지 못해 괴로웠다고 고백하지만, 약한 기질 때문에 인간 실존에 대한 깊은 통찰이 가능했는지도 모른다. 불안과 고뇌에 가득 찬 인간 실존에 끊임없이 엄습해 오는 낙심과 절망에 압도되지 않으려고 피나는 사투를 벌이면서, 심도 있는 실존주의 철학이 빚어진 것은 아닐까?

새해 벽두부터, 그와 비슷하게 우울한 기질에 시달리는 이가 절망의 역설을 읊조리며 실존주의자 흉내를 내 보는 까닭은, 희망보다는 절망으로 새해를 시작하는 것이 나을 것 같기 때문이다. 진정으로 절망하지 않기 위해 꼭 해야 할 절망이 있으니 말이다. 그것은 그리스도 안에서 하는 절망이다. 옛것이 죽고 새것이 살아나며, 모든 인간적 소망이 죽고 하나님 안에서의 소망이 살아나는 기회와 같은 절망이다. 이 절망은 일종의 죽음과 부활을 체험하는 것과 같다. 이것이 그리스도와 함께 매일 죽고 부활하는 우리 삶의 일면이리라.

인간의 힘과 지혜를 의지하며 헛된 것을 소망하다가

한계에 봉착하여 절망할 때, 이전의 나는 죽고 오직 주님께 소망을 두는 새로운 존재로 부활하게 된다. 올 한 해도 절망과 희망, 죽음과 부활이 교차하는 체험을 매주 아니 매일 반복하면서, 불안과 절망으로 가득한 미지의 세계를 힘겹지만 거뜬히 헤쳐 나가리라. 2014.01.06

이방인의 감사

명절만 되면 어김없이 선물을 들고 찾아오는 이가 있다. 벌써 10년째다. 그는 내가 가르치는 신학교에서 3년 동안 공부한 사람이 아니다. 다른 신학교에서 공부하고 목사가 된 후 신학 석사 과정을 공부하면서 나에게 딱 한 과목을, 그것도 자신의 전공과목도 아닌 과목을 배웠을 뿐이다. 그렇게 보면 그는 이방인인 셈이다. 내 강의에 별 특별한 것도 없었을 텐데 시원찮은 사람을 잊지 않고 10년째 극진하게 스승 예우를 해 주니 황송할 따름이다.

아무 대가도 바라지 않으면서 하는 일이라 그의 순수함이 더 진하게 와닿는다. 이미 학교에서 교수로 재직 중이고, 나에게 잘 보여야 할 하등 이유가 없을뿐더러, 나와 우호적 관계를 맺어서 얻게 될 유익도 전혀 없다. 그러니 무조건적 감사라고 볼 수밖에 없다. 게다가 별로 감사할 것도 없는 것 같은데 분에 넘치도록 감사를 표하니 말이다.

감사할 거리가 많음에도 불구하고 기본적 감사마저 잊고 사는 각박하고 자기중심적인 시대에 훈훈한 인간미를 느끼게 해 주는 사례이기에 이렇게 소개한다. 혹시라도 이 글을 선생 대접을 잘하라는 부담으로 받아들이지 않기를 바란다. 이미 나는 선생 대접을 과분할 만큼 받고 있어 더 바랄 것이 없다. 다만 목사 혹은 그리스도인이기에 앞서 인간 됨됨이를 갖춰야 한다는 교훈을 스승과도 같은 제자에게서 얻었기에 나누고 싶을 따름이다. 덧붙여 지금 나의 나 됨에도 이미 수많은 사람이 기여했음을 기억하고 그에 대해 감사를 잊지 않기로 다짐한다. 2014.02.03

돌 직구를 던지는 여전사

나에게 자주 돌 직구를 던지는 용감무쌍한 여전사^{여집사}가 있다. 우리 교회는 오후 소모임에서 오전 예배 설교에 대해 이야기를 나누는데, 그는 모임을 시작하면 대번에 내 설교를 깐다. "오늘 목사님 설교는 너무 어려웠고 뜬구름 잡는 얘기 같았어요." 이런 식으로 이 집사는 항상 하고 싶은 말을 시원스럽게 내뱉는 스타일이다. 하지만 악의나 뒤끝은 전혀 없다. 오히려 그런 솔직함이 모임에서 청량제 같은 역할을 한다. 교인들이 매주 이렇게 이야기를 나누지만 파괴적 비판으로 흐르거나 설교하기 부담스럽게 만든 적은 없다.

요즘 우리 교회에서는 오후 소모임에서 오전 예배 설교에 대해 나눈 후, 내가 쓴 책 『일그러진 한국 교회의 얼굴』IVP을 한 장씩 읽고 토론을 한다. 본문은 이미 토론을 끝냈고, 다음 주에는 부록을 다룬다.

나는 책에서 정용섭 목사의 설교 비평에 대해 비판했는데, 그 여전사는 오히려 정용섭 목사의 견해가 너무 마음에 들고 매력이 있다고 했다. 정 목사가 자주 하는 말 중에 "세상과 인간은 변화하지 않는다. 그러니 그들을 변화시키려고 안달하지 말고 제발 그들을 내버려 두라"는 말이 있다. 나는 그 말에 깔린 신학적 복선이 무엇인지 내 책에서 논했는데, 이 집사는 오히려 정 목사의 주장이 마음에 쏙 든다고 했다. 변화해야 한다는 부담과 강박에서 자유로워져서 마음을 편하게 해 주기 때문이란다. 이 말은 그리스도의 형상을 닮아야 한다고 지겹도록 강조하는 내 설교는 부담스럽다는 반의적 표현이기도 하다.

어찌 된 영문인지 이 말을 들으면서 나는 조금도 언짢지 않았다. 오히려 공감이 되었다. 아무리 노력해도 변하지 않는 나와 교인들을 보며, 내 마음 한편에도 변화해야 한다는 당위와 변화되지 않는 현실의 괴리에서 벗어나고 싶은 유혹이 도사리고 있기 때문이다. 무거운 고뇌와 갈등을 나도 훌훌 털어 버리고 싶을 때가 많다. 그러니 교인들이 목사의 가르침에 반기를 들더라도 진솔하게 마음을 드러내 주니 감사할 일이다. 그러면 내가 다시 돌 직구로 보복할 것을 잘 알면서도 말이다. 이렇게 서로 밀고 당기면서 우리는 조금씩 주님의 몸 된 교회를 세워 간다. 2014.02.04

돌 직구를 던지는 여전사 2탄

돌 직구를 던지는 여전사 이야기를 재미있어하는 분들이 있어서 2탄을 쓴다. 앞서 썼듯이 이번 주 일요일 오후 소모임에서 내 책 부록에서 정용섭 목사의 설교 비평을 비평한 부분으로 대화를 나눴다. 목사가 교인들을 변화시키려고 하지 말라는 정 목사의 주장을 두고 토론이 벌어졌다. 여전사는 목사가 먼저 변하면, 교인들에게 변하라고 핏대 세워 말하지 않아도 목사의 달라진 모습에 감화를 받아 교인들이 알아서 변한다고 했다. 나 들으라고 하는 말이다. 모두 한바탕 웃고 말았지만 나로서는 또 한방 먹은 셈이다.

나도 질세라 즉각 응수했다. "내가 확 변해 버리면 교인들이 더 힘들어질 수 있어. 당신들도 나처럼 은혜를 받으면 확 변해야 하는데 왜 신앙생활을 오래해도 변하지 않느냐고 은연중에 교인들을 다그칠 수 있거든. 내가 잘 변하지 않으니 성숙이 더딘 교인들을 이해하게 되고 겸손히 그들을 기다려 줄 수 있는 거지." 임기응변으로 여전사에게 통쾌하게 복수해 주었다.

그러나 사실 그 여전사의 돌 직구가 정곡을 꿰뚫은 것이다. 설교자가 변화되어 아름다운 인격과 삶을 보여 주는 것보다 더 설득력 있는 메시지가 어디 있겠는가? 청년 시절 내가 알고 지낸 어떤 목사님은 곁에 가면 주님이 함께하심이 느껴질 정도로 거룩하고 은혜가 충만한 분이었다. 하지만 그분은 성화론이라는 이론에 대해서는 잘 몰랐고 잘 가르치지도 못하셨다. 하지만 그분의 설교가 아닌 그분 자체가 사람들에게 성화에 대한 갈증과 향수를 불러일으켰다. 그분은 오래전 작고하셨지만 그를 닮고 싶은 갈망은 아직도 내 안에 남아 있다.

성화론을 전공한 나는 성화에 대해 이론적으로는 유

창하게 설파할 수 있을지 모른다. 듣는 이들이 마치 내가 성화의 실체를 소유했다고 착각할 정도로 감동적이고 은혜로운 설교를 할 수도 있을 것이다. 그러나 실체가 부재한 이론은 그 목사님처럼 교인들 안에 강렬한 변화의 열망을 불러일으키기에는 역부족이다.

여전사가 말한 극적 변화의 은혜를 그동안 내가 얼마나 추구했는지 모른다. 30년간 나를 끊임없이 고뇌하게 만든 주제가 바로 성화다. 아무리 노력해도 쉽게 이루어지지 않는 성화에 대한 숙제를 풀기 위해 교회 역사 속에 존재하는 거의 모든 성화에 대한 이론과 책을 섭렵했고 성화의 특이한 비결을 제시한다는 가르침이라면 모조리 찾아 탐독했으며 그 비결이 진짜 통하는지 실제 나 자신에게 적용하고 시험해 보았다. 칼뱅주의 전통은 물론이고, 존 웨슬리$^{\text{John Wesley}}$와 성결 운동의 가르침, 더 높고 깊은 삶,$^{\text{the higher, deeper life movement}}$ 케직 성화론, 오순절 성화론, 마틴 로이드 존스$^{\text{Martyn Lloyd Jones}}$의 성령 세례까지 그들의 가르침과 지침을 충실하게 따라 극적 변화의 은혜(즉각적 성화, 제2의 축복, 자아가 죽은 체험, 성령 세례, 성령 충만 등 여러 이름으로 지칭된다)를 오랫동안 간절히 추구하였다. 이런 은혜를 구하며 얼마나 많은 시간 기도하며 밤을 지새웠는지 모른다. 그러나 어떤 이들에게는 놀랍게 주어졌다는 획기적인 성화의 은혜가 나만은 항상 비껴갔다.

많은 시간이 흐른 후에야 깨달았다. 사람마다 변화의 방식과 패턴은 매우 다양하기에 단순한 구도로 획일화할 수 없다는 것을. 극적 성화의 은혜를 체험하는 사람도 있을 수 있다. 그러나 모든 신자가 그런 식으로 변화된다고 주장할 수는 없다. 우리는 영적 조급증 때문에 성화의 느린 과정을 견디지 못하며, 모든 영적 질병과 문제를 한방에 날려 버리고 단숨에 높은 영적 경지에 이를 수 있는 영적 특효약을 원한다. 어떤 이가 말했듯이 그런 빠른 해결책을 찾는 것 자체가 영적 질병이 될 수 있다.

성화의 비밀은 없다. 우리 각자의 체질을 잘 아시는 주님께서 우리에게 가장 적합한 맞춤형 성화의 방식으로 우리를 연단하시고 새롭게 하신다. 성화는 아주 길고 지난한 과정 속에서 온갖 고난과 슬픔과 실패와 좌절의 질곡을 거치며 서서히 이루어진다. 어떤 비밀, 어떤 신비 체험도 그 과정을 하룻밤 사이에 끝나게 할 수 없다.

나의 경우는 성령을 온전히 따르기보다 육신의 소욕을 따라 방황하느라 성화의 진전이 무척 더디게 이루어진 것 같다. 그러나 이렇게 완고한 자를 오래 참고 기다려 주신 주님의 은혜를 깨달아 가면서 쉽게 변하지 않는 교인들을 좀 더 이해하고 긍휼히 여기며 기다릴 수 있게 된 것이 성화의 실패가 가져다준 역설적 유익, 은혜라고 볼 수도 있지 않을까? 성화의 부진함에 대한 옹색한 변명 혹은 자기 합리화인지 모르지만, 만약 내가 좀더 젊어서 열렬하게 추구했던 극적 변화를 실제로 체험했다면 도무지 변하지 않는 교인들을 과연 오래 참아 줄 수 있을지 의문이다. 2014.02.10

세계로병원

부산에 위치한 세계로병원 설립 10주년을 맞아 전 직원을 대상으로 부흥사경회를 인도했다. 감기가 떨어지지 않아 컨디션이 나빠서인지 듣는 이들에게 지루한 설교를 인내하며 듣는 연습만 시키고 나만 실컷 감동받고 도전받은 것 같은 희한한 집회였다.

그 병원은 어떻게 이런 병원이 존재할 수 있을까 싶을 정도로 하나님 나라 선교에 헌신한 이들이 세워 가는 신앙의 공동체였다. 확장과 이윤의 극대화를 목적으로 하는 경영 원리가 아닌, 섬김과 거룩한 낭비라는 하나님 나라의 원리를 좇는 바보들의 행진이 바로 그 병원에서 벌어지고 있었다. 병원의 모든 구성원이 영리는 최소화하면서 봉사와 섬김은 최대화하려는 정신으로 하나님 나라의 가치관을 구현하려고 애쓰고 있었다. 더 좋은 대우와 권리를 보장하는 혜택을 마다하고 선교적 삶을 실천하려는 의사, 간호사, 직원이 한데 어우러져, 영원한 가치를 추구하는 이들에게서 나는 하늘의 향취가 났다.

세계로병원은 규모가 크지 않음에도 1년에 1,200명의 선교사들을 무료로 진료하고 치료해 주며, 병원 유지비를 제한 모든 수익금은 선교 기금으로 사용한다. 직원들이 병원장이 직접 내려 주는 맛난 커피를 마시러 원장실을 자주 찾기에 원장의 성을 따라 그곳을 '정 다방'이라고 부르는데 마담인 병원장은 대학 총장까지 지냈지만 검소하기 이를 데 없다. 그가 타는 차는 SM3다. 외과 수술의 베테랑이신 이사장님은 조용하고 겸손해서 모든 직원이 존경하고 따른다. 원목으로 봉사하는 목사님이 부산 지역 목회자들을 위해 신학 강좌와 공개 세미나들을 정기적으로 열어 교회 목회를 지원하는 사역도 활발하게 펼치고 있으며 이 모든 재정 지원을 병원이 감당하고 있다.

이번 집회를 통해서 세상 속에 보냄을 받은 자로서의 사명을 충실하게 수행하는 평신도들의 모습을 보며 한국 교회의 새로운 희망을 발견했다. 그들이 바로 세상을 새롭게 하는 위대한 선교사들이다. 이런 하나님의 사람들이 구름 떼같이 일어나기를 소망한다. 2014.02.14

불편한 메시지에 감사해하는 목사들

이번 주에 목회자들을 대상으로 한국 교회의 위기와 대처 방안에 대해 연달아 강의를 했다. 나는 한국 교회 세속화의 심층 요인을 우리 목사들의 순수하지 못한 목회 동기와 욕망에서 찾아야 한다고 강변했다. 목사들의 문제를 지적하고 치부를 들추어내 심히 불편했을 텐데도 오히려 영혼을 세탁한 것 같다고 감사해하는 목사님들이 많았다. 자신을 사정없이 찌르는 듣기 거북한 메시지를 달게 받는 겸손한 목사들이 많은 것을 보고 한국 교회에 희망이 있다는 사실을 다시 확인했다. 간혹 반감을 보이는 이들이 있어 실망스럽기도 했지만.

한국 교회의 위기에 맞서 우리 자신을 깊이 성찰하고 회개할 때, 위기는 하나님 안에서 새로운 기회로 승화될 수 있다. 심연은 뒤집어놓은 정점에 불과하다는 말이 있다. 하나님 안에서는 영적 침체의 심연이 부흥의 정점으로 전환될 수 있다. 우리 하나님은 뒤집기의 명수시다. 우리의 상태가 최악일 때 하나님은 최상의 은혜를 베푸심으로써 기이한 인자하심을 나타내신다. 그래서 모든 영광과 능력이 하나님께 돌아가게 하신다. 그러므로 내 영혼아, 현실이 아무리 암울

할지라도 낙심하지 말고 하나님께 소망을 두자. 2014.02.27

시들어 감의 미학

"꽃은 시드니까 아름다운 거예요." 꽃가게를 하는 이가 한 말이 긴 여운을 남긴다. 꽃은 꽃망울을 터트려 만개했다가 얼마 후면 시든다. 우리 인생도 그러하다. 반짝 피어오르는 한순간을 위해 온 생을 불태우고 허망하게 사그라진다. 사실, 만개하는 순간의 환희를 위해 일평생 무진 애를 쓰지만, 대부분은 인생을 제대로 피워 보지도 못한 채 시들어 버린다.

페이스북의 한 친구가 인간에 대해 말하기를, 뭔가 대단한 일이라도 할 것처럼 개폼을 잡다가 사라지는 존재라고 했는데, 60년 내 인생이 영락없이 그 꼴이다. 화사하게 피었던 꽃이 시들면, 아름다움의 여운이라도 남긴다고 할 수 있겠지만, 피지도 못하는 인생이라면 그런 의미마저 부여할 수 없을 것이다.

그럼에도 이 땅에서 피지 못한 인생들이여, 너무 상심하지 마시라. 어차피 주님의 말씀대로 모든 육체는 풀이요 그의 모든 아름다움은 들의 꽃과 같이 시든다. 이 땅에서 덧

없는 아름다움과 영광의 꽃을 피우려고 안달하다가 영원한 세계에서 영구히 시들어 버릴 수 있다. 반대로 비록 여기서 영광과 명성을 꽃피우지 못해도 그 세계에서 영원히 찬란한 아름다움으로 꽃피게 될 것이다. 이 땅에서는 빛도 이름도 없이 시들해 보이는 인생도 그 세계에서는 무한한 의미와 가치가 있을 것이다. 이렇게 보면 피지도 못하고 시들어만 가는 우리 인생도 아름답기 그지없다. 영원한 만개를 기대하며 잘 시들어 가자. 2014.02.28

큰누나

큰누나는 나에게 특별한 존재다. 6남매 중 누나가 맏이고 나는 막내라 무려 18살 터울이다. 누나는 처녀 적에 '미스코리아 선발 대회'에 나가라고 주위에서 성화할 정도로 외모가 뛰어났다. 공부도 잘해서 일류 대학 영문학과에 우수한 성적으로 진학했다. 그런데 큰 기업을 운영하던 아버지가 병으로 돌아가시면서 열두 대문 집에 살았다는 우리 가정이 몰락했다. 당시 나는 너무 어려서 아무것도 기억하지 못하지만 우리 가정은 전셋집으로 내몰렸고, 부잣집 마나님으로만 생활하시던 어머니는 졸지에 6남매를 거느린 가장이 되었으나 아무런 대책이나 능력이 없었다.

    부유한 가정에서 고생이라고는 해 본 적 없이 고이 자란 누이는 한창 멋을 부리고 청춘의 꿈과 낭만에 부풀어 대학 생활을 하다가, 가정 상황이 급변하자 학업을 접고 직업 전선에 뛰어들었다. 가장 역할을 하느라 서른을 훌쩍 넘겨 결혼을 했고, 결혼 후에도 일을 하며 친정을 도왔다. 큰누나는 힘든 상황에서도 막내인 나에게 남다른 관심과 애정을 쏟았는데, 중학교 입학부터 대학교 졸업 때까지 등록금과 용돈을 꼬박꼬박 보내 주었다. 한 번도 등록금 납부 기한을 넘긴 적이 없다. 그런데도 철이 없는 나는 중고등학교와 대학교 시절까지 팽팽 놀기만 했다.

    우리 가정에서 교회에 가장 먼저 다니기 시작한 사람 또한 큰누나다. 누나의 인도로 신앙생활을 뒤늦게 시작하신 어머니는 눈물 어린 헌신으로 교회를 섬기다가 권사가 되셨다. 그리고 그 어머니의 간절한 기도를 통해 철부지에 문제 아였던 나도 신앙생활을 하게 된 것이다.

    큰누나는 수십 년 전, 미국에 이민을 간 후 여든이 다 된 작년까지 마트를 운영했다. 그런데 얼마 전 건강이 나빠져 수술을 했고 산소호흡기를 착용하고 지내야 할 정도로 쇠약해졌다. 각박한 세상을 치열하게 헤치며 살아와서일까? 큰누나는 세상에 대한 애착이 많아 신앙생활을 깊게 하지 못하고 겉으로만 맴도는 신앙인으로 살았다. 힘든 일이 있어도 내색 한 번 하지 않았는데, 얼마 전 나에게 전화를 해서 마음이 불안하니 기도해 달라고 부탁을 했다.

누나가 심히 걱정이 되어 매일 기도하고 교회의 기도팀에도 기도를 부탁했다. 그런데 방금 누나가 밝은 목소리로 전화를 했다. 다행히 많이 호전되어 산소호흡기를 뗄 수 있게 되었고, 무엇보다 마음이 무척 평안해졌다는 것이다. 하나님께 회개의 기도를 많이 했더니 오래도록 누나를 짓누르던 불안과 두려움이 사라졌다고 한다. 앞으로는 신앙생활을 열심히 하겠다고도 한다. 참으로 감사하다. 2014.03.31

목사 설교에 혼자 은혜받고 우는 사모

목사의 부인들은 목사의 설교에 은혜를 받지 못하는 경우가 많다. 그런데 간혹 다른 교인들은 설교가 지루해서 주리 참듯 앉아 있는데 혼자 은혜를 받아 눈물을 펑펑 흘리는 사모들이 있다. 일명 '남편도취형 사모들'이다.

지난주에 내가 학생들에게 웃자고 한 말인데, 어제 우리 교회에서 이런 황당한 사태가 벌어졌다. 설교를 준비하면서 나도 은혜와 감동을 받았고 나름대로 좋은 설교를 완성했다고 생각했는데 강단에서는 웬일인지 참으로 맥 빠진 설교를 하고 말았다. 목사가 소위 죽 쑨 설교를 하면 대개 청중의 시큰둥하고 냉랭한 반응을 직감하게 되는데, 어제 우리 교회 분위기도 그랬다. 그런데 유독 한 사람만은 은혜를 받은 듯 눈물을 흘렸는데 그게 바로 내 아내였다. 학생들에게 말한 우스갯소리가 바로 내 눈앞에서 벌어지는 기막힌 현실이 된 것이다. 아내가 원래 남편도취형이기는 하지만 나이 들면서 까칠해져 이제는 쉽게 감동받지 않는데, 죽 쑨 설교를 하고 의기소침해 있을 가련한 종을 위로하시려고 주님이 아내에게 특별한 은혜를 주신 것 같다.

설교자는 성령의 은혜와 능력이 자신과 회중 가운데 함께하는 것을 감지한다. 물론 그런 판단과 느낌이 틀린 경우도 있지만, 설교자가 강단에서 성령의 임재와 자유를 풍성히 누리는 것보다 더 큰 행복과 만족은 없다. 동시에 그런 행복을 누리지 못하는 것보다 더 곤혹스러운 일도 없다. 로이드 존스나 스펄전$^{Charles\ Haddon\ Spurgeon}$과 같은 탁월한 설교자들도 간혹 강단에서 성령의 부재를 느껴 당혹스러웠던 적이 있다고 고백했다. 그런 현상이 왜 일어나는지 다각적으로 분석하고 유추할 수 있지만, 이유를 정확히 짚어 내지 못하고 미스터리로 남는 경우도 많다. 그럴 때 설교자는 도무지 그 상황을 컨트롤할 수 없는데, 그것이 설교의 신비한 측면이다. 로이드 존스는 이것을 하나님과의 로맨스라고 재밌게 표현했다. 또 어떤 신학자는 이런 현상을 '은혜를 거둬 가시는 이상한 은혜' 또는 '섭리'라고 역설적으로 묘사하기도 했다.

설교자가 진심으로 기도하고 설교를 준비했음에도 불구하고 강단에서 성령이 함께하지 않고 혼자 내버려진 것처럼 고군분투할 때가 있다. 그럴 경우 설교자는 영광의 복음을 바로 전하지 못해 괴롭고 교인들에게 영의 양식과 은혜를 풍족하게 공급하지 못해 무척이나 속이 상한다. 그 마음을 누가 알랴. 설교자는 죽 쑤는 설교를 하고 나면 정말 죽을 맛이다. 그럴 때 내 아내와 같이 죽 쑤는 설교도 잘 들어주고 은혜까지 받는 교인들이 얼마나 귀한지 모른다. 그것이 바로 사랑과 은혜의 기적이리라.

설교자가 간혹 강단에서 (실제로 그렇지 않겠지만) 성령이 부재하는 것처럼 느끼는 쓰라린 경험은 아마 목사가 평생 짊어지고 가야 할 고통스러운 짐일 것이다. 그러나 이 짐 때문에 설교자는 낮은 자리에서 자신을 돌아보며 주님의 은혜만 전적으로 의지하게 된다. 이번 주일에 나처럼 맥 빠진 설교를 하신 분들은 힘내시라. 다음 주에 임할 주님의 은혜가 있지 않은가. 2014.04.14

세월호 참사

수많은 어린 생명을 남겨 두고 자기만 살겠다고 먼저 빠져나온 세월호 선장에게서 인간성을 상실한 우리 기성세대의 흉물스러움을 본다. 세월호 참사는 단순한 재해가 아니다. 이 나라의 총체적 몰락의 징후를 여실히 드러낸 사태다. 후손들에게 잘사는 나라를 물려주겠다는 명분 아래 치달려 온 고도 경제성장의 뒤안길은 탐욕과 착취와 술수로 점철되어 있고, 그렇게 건설한 화려한 경제 대국이라는 허상은 냉혹하고 살벌한 경쟁 체제를 만들어 젊은 세대를 옥죄고 그들의 정신세계를 황폐하게 만드는 최악의 교육제도를 빚어냈다.

학업에 짓눌려 질식할 지경인 아이들에게 잠시라도 숨통을 트이게 해 줄 수학여행이었다. 그런 여행이 우리 기성세대의 불찰 때문에 그들을 두 번 죽이는 참상으로 돌변하였다. 어린 생명들의 안전에 대한 준비와 배려 없이 악천후에도 불구하고 불안한 항해를 감행했고, 시간을 단축하기 위해 안전항로를 벗어나 항해했다는 사실은 마치 대한민국이라는 배가 그동안 어디에 더 가치를 두고 운행해 왔는지 보여 주는 듯하다. 경제성장이라는 최우선순위와 목표를 향해 질주해 온 이 배는 경제적 가치와 효율성을 위해서는 많은 사람의 고귀한 생명까지 얼마든지 담보해 버린다.

경제선진국이라고 떠들어 대지만 정작 국민의 생명을 지켜 내야 할 위기관리 능력은 후진국 수준이다. 정부와 정치인들이 국민을 위한다는 공허한 구호로 여론을 조작하여 인기몰이에 급급하고 정부의 가장 중요한 임무 수행, 곧 국민의 안전과 생명을 지키는 일에 얼마나 무능한지 적나라하게 드러났다. 이것이 우리 아이들의 인간다운 삶과 생명을 지켜 주지 못하는 기성세대의 처절한 무능과 몰락의 단상이다. 대한민국호의 침몰을 보는 듯하다. 2014.04.17

저들의 희생이 헛되지 않게 하소서

세월호 참사는 우리 민족사에서 절대 잊을 수 없는 뼈아픈 사건일 뿐 아니라 대한민국 현대사에 분수령을 이루는 사건이 될 것이다. 우리 사회의 총체적 부패와 부실함이 여지없이 드러난 마당에 이 나라가 더 이상 전과 같을 수는 없는 일이다. 이제 이 나라는 대변혁과 몰락의 기로에 섰다.

이번 참사는 이전의 다른 사건들처럼 시간이 좀 지나면 잊히고 별일 아닌 것처럼 넘어갈 수 있는 일이 아니다. 그러기에는 온 국민이 받은 충격과 상처와 고통이 가히 헤아릴 수 없을 만큼 크다. 이 땅과 하늘과 그 안에 살아 있는 모든 사람이 결코 잊을 수 없고 잊어서도 안 되는 사건이다. 침몰한 세월호와 함께 부패하고 무능한 이 나라 정부와 기성세대는 침몰하고 온전히 새로운 모습으로 거듭나야 한다. 그것이 아이들을 지켜 주지 못한 우리의 무능과 죄책을 조금이라도 더는 길이며 우리 후손들에게 이 같은 불행이 다시는 되풀이되지 않게 하는 길이다.

이번 사태를 보며, 마음에 끓어오르는 울분과 비통함과 답답함을 토해 내지 않고는 견딜 수 없는 국민들의 심정을 십분 헤아려야 한다. 사랑스러운 우리 아이들이 눈앞에서 비참하게 죽어 가는 것을 보면서 아무것도 할 수 없는 무능한 자신과 정부를 보며 비분강개하지 않는다면 어찌 인간의 정서를 가진 사람이라고 할 수 있겠는가. 패닉 상태에 빠진 이들을 향해 심장이 없는 도인이라도 되라는 듯이, 감정을 자제하라고 하는 것만큼 비정한 조언은 없다. 이런 참담한 사건을 보면서도 분개할 줄 모르는 국민에게는 소망이 없다.

그러나 슬픔과 분노에만 사로잡혀 한없이 자책하고 비난만 하면, 이 나라는 더 깊은 파멸의 궁지에 몰릴 것이다. 모두들 힘들겠지만 이제 한 맺힌 비애와 원통함을 승화시켜 우리 자신과 이 사회를 새롭게 하는 개혁의 의지를 불태

워야 한다.

먼저, 국민의 생명을 지키고 안전을 보장해야 함에도 기본 임무조차 제대로 수행하지 못하는 무능함을 드러낸 현 정권은 책임을 통감하고 뼈를 깎는 자체 개혁을 단행해야 한다. 그러나 지금으로 봐서는 이 정부에 그런 변혁을 기대할 수 있을지 심히 의심스럽다. 이번 사태에 대해 지위 고하를 막론하고 문책하겠다고 결연한 의지를 밝힌 박 대통령의 발언에서 좌절할 수밖에 없다. 국정 총책임자로서 자신이 말한 문책의 첫 번째 대상이 자기 자신이라는 사실을 대통령은 정녕 모르는가? 어린 학생들도 할 수 있는 상식 수준의 판단과 사고를 어찌 일국의 대통령이 하지 못한단 말인가. 그러니 누군가 "지금 나는, 5백여 명의 승객의 생명을 책임져야 했던 세월호 선장의 태도와 5천만 국민의 삶을 책임져야 하는 대통령의 자세가 놀랍도록 다르지 않다는 것에서, 심각한 공포감을 느낀다"라고까지 말하는 것이다.

최소한 자신의 무능을 인정하고 그에 대해 책임을 지려는 지도자는 그래도 개선의 여지가 있다. 그러나 박 대통령에게는 이런 모습마저 보이지 않고, 고언을 해 줄 사람도 없는 것 같아서 이 나라의 앞날이 심히 염려된다. 이 시점에서 박 대통령을 무조건 감싸고도는 것은 그에게나 이 나라에 전혀 도움이 되지 않는다. 지금은 보수와 진보가 편 가르기를 할 때가 아니라, 후손들에게 부끄럽고 미안한 나라를 물려주지 않기 위해서라도 다 함께 한목소리를 내야 할 때다. 이번 참사에 대한 문책은 이 정권의 맨 꼭대기에서부터 시작해야지 힘도 없는 무리에게 모든 책임을 지워 그들을 희생양 삼아서는 안 된다. 대통령이 가장 날카로운 칼날을 스스로에게 들이대 통렬하게 자성하고, 권력의 핵심부에 존재하는 부패부터 척결해 나가는 근본적 개혁의 의지를 보이지 않는 한, 성난 백성들을 진정시킬 수 없고 이 나라의 밝은 미래 또한 기대할 수 없다.

 이번 사태로 드러난 언론의 한심한 작태는 국민의 실망감을 배가시켰다. 많은 언론은 불이익을 당하더라도 진실을 규명하고 이 민족을 올바른 길로 선도하는 진정한 언론의 역할을 저버린 지 오래다. 일주일 동안 같은 보도만 반복해서 국민들을 답답하게 했고, 정작 들어야 할 사안에 대해서는 함구했다. 정부의 무능과 대통령의 책임 회피성 발언에 대해 외국 언론들이 떠들썩하게 보도하는데도, 몸을 사리는지 그런 문제를 지적하는 국내 언론이 드물다. 선장과 선원들의 과오와 청해진해운 유병언 회장의 비리만 주야장천 보도하며, 이들을 희생양 삼는 데 앞장서는 모습을 보여, 어용 언론이 아닌가 하는 인상을 짙게 풍기는 언론도 있다. 모진 탄압을 받으면서도 충직한 언로 역할을 했던 언론들이 어찌하여 지금은 권력의 충견 역할을 하고 있는가? 부디 우리 아이들의 죽음이 언론까지도 새로운 모습으로 부활하게 하는 밀알이 되기를 소원한다.

이번 사태의 책임은, 선장과 청해진해운과 정부에게만 있는 것이 아니다. 나를 비롯한 모든 기성세대가 자유롭지 못하다. 기성세대 모두가 직간접적으로 아이들을 사지로 몰아넣는 데 일조했다. 그동안 성장 제일주의에 매몰되어 온통 돈과 물질, 권력과 허영을 좇다가 그보다 훨씬 중요한 인간 됨의 가치와 생명의 존엄성, 자유와 평등이 구현된 사회를 이루는 데 철저히 실패한 것이다. 이번 참사로 인간의 생명보다 경제적 이윤과 효율성을 앞세우는 이 사회의 총체적 부패의 단면이 여실히 드러났다. 우리 기성세대의 탐욕과 허영이 집단적으로 응축되어 빚어낸 살벌한 경쟁 사회가 우리 아이들을 무한 경쟁의 교육제도 속에 몰아넣어 고통받게 했고, 학업에 짓눌려 질식할 것 같은 아이들에게 잠시 숨 쉴 여유라도 주어야 할 수학여행이 기성세대의 잘못으로 이런 참사로 돌변했다. 이런 점에서 세월호는 대한민국호의 압축판인 셈이다.

끝으로 그리스도인이자 목사로서, 이 민족의 정신과 영혼에 생명의 기운을 불어넣고 이 사회의 정의와 평화를 구현하는 데 앞장서야 할 나 자신과 한국 교회에 책임을 묻지 않을 수 없다. 그동안 각 개인과 한국 교회가 규모, 성장, 돈, 건물이라는 우상을 숭배하느라 대한민국호의 침몰을 가속화하는 역할을 한 것은 아닌지 통렬하게 자성하고 회개해야 한다. 사회의 구조 악과 부조리의 한복판에는 한국 교회가 산출해 낸 탐욕스러운 목사와 속물스러운 그리스도인들이 포진해 있다. 세상의 신은 개인의 죄뿐 아니라 사회의 제도적 모순과 악을 통해 효과적으로 사람들을 억압하는데, 나를 필두로 보수 교회는 개인의 죄만을 지적하면서 사회구조 악과 불의에 대한 선지자적 사명을 소홀히 했다. 우리 교회는 이 뼈아픈 과오를 거울로 삼아 지금부터라도 약자와 국민들의 편에 서서 힘 있는 자들의 권력 남용과 부패에 항거하는 목소리를 발해야 한다. 그래서 세상 모든 영역에 부활의 생기와 샬롬이 깃들게 하는 교회로 거듭나야 한다. 총체적으로 부패한 우리 교회와 대한민국호는 깨끗하고 건실한 대한민국호로 부활해야 한다. 그것이 우리 아이들의 죽음을 헛되지 않게 하는 길이다. 2014.04.25

세월호 참사의
또 다른 희생자들

세월호 참사로 희생당한 아이들보다 더 큰 희생을 당한 이들은 그들의 부모를 포함한 가족들이다. 부모들은 눈앞에서 사랑하는 아이들이 물속에 잠겨 죽어 가는 것을 열흘이 넘게 지켜보았다. 그것은 부모로서 겪을 수 있는 고통의 극대치를 능가한 참혹이었다. 아이들의 육체가 물속에서 죽어 가는 동안 부모들의 영혼은 육지에서 수백 번도 더 죽었다. 그들은 살아 있으나 더 이상 산목숨이 아니다. 헤아릴 수 없는 슬픔과 아픔으로 심장은 싸늘하게 식었고 눈물은 말랐으며 영혼은 혼비백산했다. 무능하고 무정한 정부에 대한 모든 기대와 믿음은 사라졌으며, 살아갈 의욕조차 잃어버렸다. 정상적인 삶을 지탱할 수 있는 기반과 에너지가 그들 안에는 더 이상 남아 있지 않다. 그들의 남은 생은 회한과 원통함으로 점철되어 음산한 사망의 그늘에서 벗어나기 어려울 것이다.

그들을 구하기 위한 방안을 신속히 강구하지 않는다면, 이 나라는 물리적으로 아이들을 구하지 못했을 뿐 아니라 정신적으로 국민들의 마음을 어루만지지 못한 철저히 무능한 나라가 될 것이다. 이 일은 훨씬 어렵고 어쩌면 불가능할지도 모른다. 그러나 살아 있지만 죽어 가고 있는 이들을 방치한다면 더 큰 참사를 면치 못할 것이다. 정부에 대한 분노와 불신이 다소라도 해소되지 않고 응축되어 폭발하는 경우에는 걷잡을 수 없는 혼란이 야기될 것이다. 사태 수습과 정권 유지를 위해 겉치레식 사과로 일관하는 냉혈적 지도자가 아닌, 진정성 있는 사죄로 상처 입은 민심을 보듬고 개혁의 의지를 천명하는 인간다운 지도자가 절실하다. 2014.05.01

회초리 기도회

5월 15일, 한국교회100주년기념관에서 희한한 기도회가 열렸다. 70-90대 원로목사들이 자신들의 종아리를 회초리로 치며 세월호의 침몰과 한국 교회의 영적 침체는 자신들의 잘못 때문이라고 회개하는 기도회였다. 회초리 기도회는 앞으로 전국 16개 시도를 돌며 진행된다고 한다.

이에 대한 SNS의 반응이 엇갈린다. 대개는 "웃어야 할지 울어야 할지 모르겠다", "생쇼를 한다", "안타깝다", "너무 순진하다", "차마 보기가 민망하다"는 식으로 부정적이다. 간간히 노老목사님들이 현 사태를 안타까워하며 자신들의 책임을 통감하고 회개하는 모습을 보이는 것이 무엇이 잘못됐 느냐고 항변하는 댓글도 눈에 띈다.

그들의 행동을 어떻게 보아야 할까? 의식이 있는 국민이라면 이번 세월호 참사 때문에 이 사회가 전과는 달라져야 하며 이제는 뭔가 행동에 옮겨야 할 때라는 긴박성을 느낀다. 어떤 이들은 박근혜 대통령의 퇴진을 요구하며 거리로 뛰쳐나옴으로써 새로운 변화를 위한 몸짓을 하고, 어떤 이들은 철저한 진상 규명을 요구함으로써 정부와 사회의 구조적 비리와 부조리를 척결하는 데 힘을 쓰기도 한다.

대부분의 소시민은 아이들을 지켜 주지 못한 것을 자책하면서 조금이라도 나은 사회를 후손에게 물려주기 위해 숙연하게 또 성실하게 살아간다. 원로목사들의 회초리 기도회도 이제는 가만히 있을 수 없고 뭔가 해야 한다는 의식에서 비롯된 그들 나름의 방식일 것이다. 세대와 철학과 종교와 정치관에 따라 사람들의 인식과 대처 방안은 다양하니 자신과 같지 않다 해서 무차별적으로 상대를 공격하는 것을 삼가야 할 것이다.

아이들을 지켜 주지 못한 데 대한 비통함과, 부패한 한국 교회에 대한 책임을 통감하며 자신들에게 회초리를 든 원로목사들의 순수함을 의심치 않는다. 다른 이들을 비난하기 전에 모든 것이 자신들의 잘못이라며 회개할 때, 이 나라와 교회가 새로워진다는 생각은 순진무구하다고도 볼 수 있다. 그러나 하나님만 보시는 골방에서 혼자 회개했으면 훨씬 좋을 뻔하였다. 공개적으로 그것도 매우 자극적이고 전시적인 퍼포먼스까지 동반한 회개를 한다는 것은 동기가 아무리 순수할지라도 주님이 책망하신 바리새인의 외식처럼 보일 수 있다. 물론 그분들은 남에게 보이기 위해 가식적으로 회개한 것은 아닐 것이다. 교회 원로로서 회개의 본을 보여 온 교회가 함께 회개에 동참하기를 바랐을 것이다.

그러나 국가 위기에 대응하여 그들이 취한 공적 행동 치고는 참으로 옹색하고 민망하다(어른들의 행동을 폄하하지 않기 위해 최대한 표현을 자제하고 있다). 이런 회개 퍼포먼스를 전국을 돌며 할 때, 이 사회에 한국 교회는 어떻게 비칠까? 한국 교회의 수준과 부끄러운 민낯이 그대로 드러나지는 않을까? 사람이 연로하면 어린아이 같아진다고 하는데 그래서 판단 의식이 흐려진 것일까? 평생을 교회의 지도자로 지내면서 축적한 경륜과 지혜와 인품과 영성이 이런 위급한 상황에 예리한 통찰과 사려 깊은 행동으로 드러나야 하는데, 오히려 밑바닥을 보여 주니 씁쓸하기 그지없다. 이런 이들이 지도자였고 원로여서 한국 교회가 이 지경이 되었다는 비난을 면하기가 어렵겠다. "내 탓이오"라는 퍼포먼스는 정말로 '그러함'을 보여 준다.

정말 당신들 탓이라는 말이 그분들에게 거슬릴지 모르겠다. 이런 말을 듣고 팔짝팔짝 뛸 사람이 있을지도 모른다. 하지만 지금은 타인의 잘못까지 자기 탓으로 돌리는 지나친 의로움을 흉내 낼 때가 아니다. 얄팍한 경건의 언어를 남발하는 식으로 모호하게 사태 파악을 해서는 안 된다. 부패한 정권은 이런 퍼포먼스를 두려워하지 않는다. 오히려 신앙의 이름으로 불의한 자들을 눈감아 주고 비호하는 세력으로 이용당하기 쉽다. 그동안 국민의 생명을 위협하고 억압하는 정부의 구조적 불의에 대해 한국 교회가 미온적 태도로 일관함으로써 이 사회에 부패가 만연하도록 일조한 것은 아닌지 깊이 반성해야 한다.

지금은 세월호 참사가 일어난 원인과 책임 소재를 확실히 밝히고 죄가 있는 사람은 엄단하며, 이 나라의 총체적 부패를 척결하는 데 힘을 모으도록 교회의 지도자들과 원로들이 나서야 한다. 이 민족과 교회가 나아갈 길을 밝혀 줄 원로가 이다지도 없다는 말인가. 2014.05.17

얼빠진 소리

"하나님이 [세월호를] 공연히 이렇게 침몰시킨 게 아닙니다. 나라가 침몰하려고 하니 하나님께서 대한민국 그래도 안 되니 이 어린 학생들, 이 꽃다운 애들을 침몰시키면서 국민들에게 기회를 주는 거예요." 어떤 이가 이런 말을 했다고 하자. 의식이 있는 사람이라면 그런 망발을 한 사람을 정상이라고 생각하지 않을 것이다. 그런데 한국 교회를 대표하는 것처럼 행세하는 목사가 주일 예배 설교에서 이렇게 말했다.

슬픔과 실의에 빠져 있는 이 민족에게 위로와 소망을 주어야 할 교회 지도자가, 희생자의 가슴에 또 한 번 대못을 박으며 국민들의 공분을 살 망발을 토해 냈으니 이를 어찌해야 하는가. 한국 교회에서 이 정도 위치에 있는 목사라면, 지혜와 인품, 시대를 분별하는 혜안이 응축된 고언으로 혼돈에 빠진 이 나라의 앞길을 제시해야 하지 않겠는가? 그러지는 못할망정 세상을 괴롭게 하며 교회 얼굴에 먹칠하는 얼빠진 소리를 하니 같은 목사로서 얼굴을 들 수 없다.

이 말에서 드러난 심각한 문제는 신학과 복음의 부재 혹은 왜곡이다. 목사는 예수 그리스도 안에 계시된 하나님의 탁월한 영광과 아름다우신 성품을 밝히는 복음을 전해야 한다. 그런데 그 목사는 예수 그리스도의 영광의 복음과는 상반된 해괴한 신神의 개념을 전했다. 이렇게 왜곡된 메시지가 하나님의 말씀이라는 명분으로 세상에 전파되는데 이를 문제시하는 사람이 없다.

큰 교회의 위세 있는 목사는 신학적 과오가 있어도 아무도 건드릴 수 없는 치외법권에 있는 사람인가? 대형교회 목사의 이런 말 한마디가 실추된 기독교 이미지를 더 참혹하게 만들고, 하나님의 이름에 모독을 주며, 전도의 문을 막는다는 사실을 알지 못하는가? 부디 젊은 세대는 이런 목사들을 반면교사로 삼아 이 사회와 교회에 새 물결을 일으키기를 간절히 소망한다. 2014.05.30

수련회가 아직도 필요한가?

여름수련회 시즌을 맞이하여 여러 단체가 집회를 열고 있다. 나도 다음 주에 'SFC 전국대학생대회'에서 주제 강연을 맡게 되었다. 수련회를 통해 영적 회복을 도모해 온 오랜 전통이 한국 교회에 지금까지 이어지고 있어서 귀하다.

연합 집회는 한때 한국 교회의 회개와 부흥을 촉발하는 기회로 작용하기도 했다. 그런데 최근 들어 이런 집회가 연례행사처럼 전락한 것 같아 아쉽다. 큰맘 먹고 학생들을 인솔하여 집회에 참여했다가 잔뜩 실망만 하고 돌아왔다고 푸념하는 전도사나 교사들을 자주 보았기에 하는 말이다.

유명 강사가 학생들을 웃겼다 울렸다 하면서 정작 복음의 내용은 깊이 다루지 않기도 하고, 일시적으로 카타르시스를 느끼게는 해 주지만 돌아서면 영혼이 공허해지는 말을 하는 경우도 있다고 한다. 수련회의 의미와 가치에 대해 회의하는 이들이 늘고 있는 상황에서, 수련회의 의미를 재고해 볼 필요가 있다.

어떤 이는 수련회에서 큰 도전과 은혜를 받아도 그 효력이 오래가지 못해 곧 실망하게 된다고 한다. 은혜를 받고도 금세 예전 모습으로 돌아가는 악순환을 되풀이하면서 정말 은혜를 받은 것이 맞는지, 일시적 감정의 변화가 아니었는지 의심하게 되기 때문이다. 그래서 말씀을 듣고 감동을 받는 것 자체를 냉소적으로 생각하고 마음의 문을 닫아 버린다.

집회에서 받은 감동과 은혜가 단속하는 것 같다고 해서 은혜받은 것 자체가 무익하거나 별 의미가 없다고 생각할 필요는 없다. 감동이 오래 지속되지 않는 것은 어찌 보면 당연하다. 우리의 감정은 흥분 상태를 오래 유지하지 못한다. 미국에서 일어난 대각성 운동의 현상과 열매들을 심층적으로 분석한 조나단 에드워즈 Jonathan Edwards는 부흥 집회에서 받은 뜨거운 감동과 희열은 오래가지 않지만 그것이 삶에 미치는 잔잔한 여운과 영향은 대개 오래 지속된다고 하였다. 물론 그 정도와 양상이 사람에 따라 다르기에 획일화할 수는 없을 것이다.

그러므로 감동과 은혜가 단속하는 것 같다는 느낌으로만 집회의 영향과 효력을 성급하게 단정할 수는 없다. 말씀을 통해 얻은 깨달음과 도전이 인지적으로는 곧 잊힐지 모르나 잠재의식 속에는 오래 남아 삶에 영향을 미칠 수 있고 그 열매가 나중에 나타날 수도 있다. 오래전 열린 어느 집회에서 전한 말씀이 자신에게 큰 영향을 미쳤다고 고백하는 이들을 나는 심심찮게 만난다.

젊은이들이 학업과 삶에 쫓겨 정신없이 살다가 모처럼 며칠 동안 말씀에 집중하며 하나님의 임재와 은혜에 푹 잠기는 시간을 갖는 것은 더할 나위 없이 복된 일이다. 이런 은혜의 기회라도 있어야 살벌하고 냉혹한 경쟁 사회에서 그나마 신앙을 지탱할 수 있을 것이다. 이번 여름에도 모든 수련회와 집회에 영혼들을 새롭게 하는 주님의 풍성한 은혜가 임하기를 기원한다. 그래서 새벽빛 같은 주의 청년들이 나오기를 기도한다. 2014.06.27

열정과 무례함의 혼동

몇 년 전, 그리스도인들이 영적 전쟁을 한답시고 절에 들어가 땅 밟기 기도와 대적 기도를 해서 물의를 빚었다. 그런데 이번에 인도에서 같은 일이 또 일어났다. 기독교 내에서 이런 몰지각한 행위는 하지 말아야 한다는 목소리가 나오고 있음에도 왜 같은 일이 벌어지는 것일까? 무엇이 이렇게 개념 없는 행동을 하게 만들까?

나는 신앙관과 세계관이 문제라고 생각한다. 기독교 외에 다른 종교는 대적해야 하고, 괴멸해야 할 사탄의 영역이라는 흑백논리에 사로잡혀 있는 사람들은 타 종교를 공격의 대상으로 삼는다. 우리만 절대 진리를 소유하고 있다는 우월감이 오만 혹은 독선과 만나면, 최소한의 예의와 존중마저 잃어버린 채 무례한 행동을 하게 되는 것이다. 여기에, 우상숭배가 성행하는 적진 한복판에서 복음을 전한다는 자부심, 진리를 위해 헌신한다는 자아도취까지 더해지면 누구도 그런 행동을 말릴 수 없다.

잘못된 신앙 열심은 인간이 지녀야 할 기본적인 판단력, 윤리의식 등을 갖지 못하게 하여 뒤틀리고 괴이한 인간을 만들어 낼 우려가 있다. 진정한 신앙은 부드럽고 지혜로운 인격으로 드러나기 마련이다. 타협할 수 없는 진리를 가진 이들은 온유함과 겸손으로 전도하며, 그런 모습을 통해 진리가 한층 돋보이고 잔잔한 감화를 줄 것이다. 2014.07.10

세월호 참사는 현재진행형

세월호 참사가 발생한 지 오늘로 92일째다. 그런데 아직도 11명의 실종자가 가족의 품으로 돌아오지 못했다. 실종자 가족은 세 달이 넘도록 팽목항을 떠나지 못한 채, 인간이 감내할 수 있는 고통과 인내의 한계를 초월한 비통함의 극치를 맛보고 있다. 이런 비극이 생생하게 진행되고 있음에도 사건이 종료되기라도 한 듯 사람들의 관심에서 점점 멀어지고 있다.

팽목항 소식이 궁금하여 뉴스 시간마다 텔레비전 채널을 돌려 보지만, JTBC 〈뉴스9〉을 제외하고는 일언반구도 하지 않는다. 월드컵에서 독일이 우승했다는 뉴스는 대대적으로 보도하면서, 지금도 진행 중인 민족 비극에 일체 함구하고 있다. 이는 방송사의 직무유기다. 방송사 스스로 언론의 역할을 저버린 것이다.

정부가 철저한 진상 조사와 국가 개조 차원의 개혁이라는 거창한 수습안을 냈지만 진전된 것이 없다. 모든 문제의 단초가 유병언에게 있다고 보고 그를 잡는 데 총력을 기울였지만 그의 행방은 여전히 묘연하여 사태는 미궁 속으로 빠져들고 있다. 시간이 흘러 이 비극이 서서히 사람들의 의식에서 묻히기만 기다리는 듯하다.

참사를 제대로 막지 못했으면 사태 수습이라도 확실하게 해서 헤아릴 수 없는 아픔을 겪고 있는 가족들의 피 맺힌 가슴에 한 가닥 위로라도 주어야 할 텐데, 정부는 그조차 하지 못하고 있다. 버틸 기력도 없는 이들이 단식 농성까지 하면서 진상조사를 위한 특별법 제정 호소를 하고 있고, 350만 명이 넘는 국민이 이를 촉구하는 서명에 동참했다. 한 가지 사안에 이렇게 많은 사람이 참여한 것은 드문 일인데, 부디 이런 국민의 염원이 정치인들의 마음을 움직일 수 있기를 바란다. 2014.07.16

마귀화된 기독교

의식 있는 군인들이 온 유럽을 불바다로 만든 미친개

이자 전쟁광인 히틀러를 암살하려는 시도가 수포로 돌아간 뒤, 독일 교회 신문에 다음과 같은 글이 실렸다.

> 무시무시한 날이었습니다. 결사적이고 용감한 우리 군이 조국을 지키고 최후 승리를 얻기 위해 고투하고 있건만, 한 줌밖에 안 되는 극악무도한 장교들이 야망에 사로잡혀 무시무시한 범죄를 감행하고 총통을 시해하려고 기도했습니다. 총통은 목숨을 건졌고, 입에 담기도 싫은 재앙이 우리 국민을 비껴갔습니다. 이 일로 우리는 마음을 다해 하나님께 감사드리고, 총통이 이 가장 힘든 시기에 수행하며 해결하려고 하는 중대한 과업에 원조와 도움을 베풀어 달라고 온 교회와 함께 하나님께 기도합니다. 「디트리히 본회퍼」(포이에마) 중에서

경악을 금치 못할 일이다. 어찌 목사와 교인이라는 자들이 이같이 분별력이 흐리단 말인가. 이는 기독교가 기존 정권과 야합하여 제국의 시녀 역할을 하면 얼마나 마귀적 종교로 둔갑하는지를 극명하게 보여 주는 예다. 나치 정권 아래서 수많은 목사와 신학자들이 예수의 이름을 들먹이며 국수주의의 명분을 내건 히틀러에게 충성을 서약하거나 불의에 침묵하는 보신주의로 일관했다. 본회퍼를 비롯한 극소수의 목사와 신학자들만 끝까지 항거하였다.

이는 과거의 독일에서만 일어날 수 있는 일이 아니다. 우리 안에도 이런 위험성이 다분히 내재되어 있다. 목사와 신학자들, 모든 그리스도인이 항상 깨어서 이 시대의 거센 풍조에 맞서는 투철한 저항정신을 배양하지 않으면, 자본주의 제국과 기독교가 은밀히 결탁하여 어용 종교가 되는 것을 막을 수 없다. 젊은 시절, 시대를 진단하는 통찰력을 갖추지 못하고 자기 업적이나 쌓고 이름 내기에 급급한 소인배들은 나이가 들어도 별수 없다. 그들은 제 몸 사리는 데 급급하여 불의 앞에서 짖지 못하는 개들이 되는 부끄러운 전철을 답습할 것이다. 2014.07.18

할아버지!

어제 너무도 낯선 말을 온종일 들었다. 할아버지가 된 것을 축하한다는 말이다. 이틀 전 딸아이가 딸아이를 낳았다. 엄마 생일에 맞추어 나오려고 했는지 3주 일찍 세상에 나왔다. 생긴 것도 엄마를 빼닮았다.

그나저나 내가 할아버지라니. 아직도 철부지 어린아이 같은 내가 할아버지가 되었다는 사실이 전혀 실감 나지 않는다. 2014.07.21

정치의 막장 드라마

세월호 참사가 났을 때 정부의 무능을 비판한 이유는 수습 과정에서라도 정부가 결코 무능하지 않다는 것을 꼭 보여 주기 바라는 마음에서였다. 그러나 이제 그 희망마저 사라졌다. 어제 세월호 진상 규명을 위한 특별법 협상에서, 핵심 쟁점이 되었던 사안에 대해 유가족과 국민의 뜻이 전혀 받아들여지지 않았기 때문이다.

참사 후 넉 달이 지나도록 지리멸렬하게 진행되던 진상 조사는 이 정부의 총체적 부실함을 여지없이 입증했다. '철저한 진상 규명과 국가 개조 차원의 변혁'이라는 대통령의 슬로건은 완전히 무색해졌다. 이제 정부가 어떤 발표를 해도 국민은 믿지 못하고 있다.

이런 정부에 진상 규명을 기대할 수 없으니 수사권과 기소권을 특별위원회진상조사위원회에 부여해 달라고 한 것인데, 여야 국회의원들은 작당하여 이 염원을 뭉개 버렸다. 여당의 폭주에 제동을 걸어야 할 야당마저 합세하는 꼴은 정치사에서 그 유례를 찾기 힘든 막장 드라마로 기억될 것이다. 국민의 신임을 잃은 정권은 그 존재 의미를 잃어버린 것과 다름없다. 정치인들이 제 역할만 제대로 한다면, 나 같은 소시

민도 내 역할에 충실할 수 있을 텐데, 이런 기대마저 사치란 말인가? 2014.08.08

4대강이
아프다

며칠 전, KBS 〈시사기획 창〉이라는 프로그램에서 '4대강에게 안부를 묻다' 편을 방영했다. 그에 이어 오늘 EBS 〈하나뿐인 지구〉에서도 4대강의 상태를 집중 취재하였다. 4대강사업이 끝난 지 2년이 흐른 지금 심각한 문제들이 속출하고 있다. 무리한 보 건설 때문에 강의 흐름이 정체되면서 녹조 현상이 가속화되고 큰빗이끼벌레가 무섭게 번식하고 있다. 또 강바닥에 침전물이 퇴적해 시궁창 같은 뻘이 형성되어, 산소량이 희소해지자 강이 질식할 지경에 이르렀다. 물고기가 대거 폐사한 곳도 있다. 녹조 때문에 생기는 독성 물질은 물고기뿐 아니라 인체에도 해가 될 수 있다고 한다. 정부는 고도의 정수 처리로 독성 물질을 제거할 수 있다고 하지만 전문가들은 장기적으로는 인체에 어떤 유해한 영향을 미칠지 모른다고 한다.

4대강사업을 추진한 전문가들, 교수들과 연구원들은

이런 문제가 발생할 것을 뻔히 예측했음에도 모두 입을 다물어 버렸다. 온 국민의 젖줄 같은 4대강이 병들었으니 우리와 우리 후손이 온전하리라는 보장이 없다. 아름다운 강토를 잘 보존하여 후손들에게 물려주지 못하는 것이 너무도 한스럽다. 지금이라도 고통받는 4대강을 치유하기 위해 모두 앞장서야 한다. 2014.08.22

설교 표절

목회자 90퍼센트 이상이 설교를 표절한다는 충격적인 기사를 보았다. 얼마나 정확한 정보인지는 모르겠으나 사태가 매우 심각한 것만은 분명하다. 영적으로 어두운 시기가 찾아오면 하나님의 말씀이 희귀해지는 법이다. 설교의 홍수 시대에 진정한 설교는 희소한, 이 비극의 아이러니가 한국 교회의 현실이자, 하나님이 한국 교회를 향해 얼굴을 가리시고 더 이상 목사들에게 말씀하지 않으신다는 방증이다.

진리의 영이신 성령과 매일 동행하며 그분의 인도를 따라 사는 이들에게 영감inspiration의 샘은 마르지 않는다. 기본적 신학 소양과 겸손함을 갖춘 사람이라면, 매주 새로운 양식으로 교인들의 배를 부르게 할 수 있다. 그런데도 많은 목사들이 말씀과 진리의 영이신 성령을 거스르고 근심시키는 데 익숙해져 성령의 은혜가 자신들을 떠났다는 사실조차 모르고 지낸다. 말씀을 바르게 해석하고 적용하는 훈련을 받지 못하고, 성령과도 교통하지 않는 자가 어찌 하늘에서 주어지는 메시지를 전할 수 있는가? 하늘 문이 닫혀 아무것도 내려오지 않아 교회는 말씀의 기근으로 고통받고 있는 것이다.

교회가 받고 있는 고통의 큰 책임은 우리 목사들에게 있다. 성령을 오래 근심케 한 죄를 통회하며 얼굴을 가리신 주님을 간절히 찾아야 할 때다. 교인들도 목사에게 책임을 돌리지 말고 함께 회개하며 주님의 얼굴을 구해야 한다. 하나님이 교회에 말씀을 주시지 않는 이유는 교인들이 좋은 말씀을 오래 들으면서도 그 말씀을 내팽개치고 제멋대로 살기 때문이다. 값진 진주의 가치를 모르는 돼지가 진주를 짓밟듯이 하나님의 말씀이 소중한지 모르는 사람이 말씀을 욕보인다. 그러니 하나님이 진주 같은 말씀을 돼지 같은 인간들에게 주시지 않는다. 그것이 하나님의 심판이다. 한국 교회에 그런 교인들이 유난히 많아 보인다.

지금은 목사와 교인들 모두 통곡하며 죄를 회개하고 주님의 자비를 구해야 할 때다. 그러면 다시 하늘이 열리고 이 땅에 신선한 만나가 비 오듯이 쏟아질 것이다. 2014.09.13

성령의 메시지는 표절할 수 없다

 설교는 이미 계시된 말씀을 전하는 것이라서 표절과 모방은 불가피하다는 논리는 궁색한 변명이다. 물론 설교는 새로운 것을 만들어 내는 창작이 아니라 말씀을 잘 듣고 전달하는 것이다. 설교의 원재료는 말씀이며 설교는 충실한 해석에 기초해야 한다. 그러나 설교는 성경을 그대로 되뇌거나 주해하는 것이 아니다. 그렇다면 굳이 설교자가 필요하지 않다.

 말씀이 특별한 정황 속에 있는 사람들에게 주어졌듯이 지금도 성령은 이미 기록된 말씀을 통해 오늘을 사는 사람들의 새로운 상황을 아시고, 그들의 영적 상태와 필요에 적중하는 말씀을 들려주신다. 설교자의 임무는 자신의 공동체와 교인들에게 매주 새롭게 들려주시는 주님의 말씀을 잘 전달하는 것이다. 그러기 위해 설교자는 자신 안에 말씀이 풍성히 거하게 해야 하고, 성령이 이끄시는 대로 회중의 상태와 문제, 필요 등에 따라 적절하게 말씀을 적용해야 한다.

 이런 면에서 설교자의 역할은 노련한 외과 의사 혹은 치유자와 같다. 처방책이 좋다고 모든 환자에게 효력이 있지는 않다. 똑같은 내용의 설교가 한 교회에서는 은혜가 될지라도 다른 교회에서는 별 유익이 없을 수 있다. 어떤 이에게는 약이 되지만 다른 이에게는 약효가 없을 수 있는 것이다. 똑같은 본문으로 설교할지라도, 그 대상에 따라 성령의 메시지는 다채로운 조화를 이룬다. 말씀 해석은 비슷할 수 있지만, 시대 상황과 각 교회의 영적 필요에 맞게 요리한 결과물은 다르다. 말씀을 전하는 자의 인격과 기질이 다르고, 말씀을 듣는 자의 문제와 필요도 다르기 때문이다. 책망과 견책이 절실하게 필요한 이에게 위로의 메시지를 건네는 것은, 그 사람을 거짓 안위에 빠지게 만들어 파멸을 재촉할 것이다.

하나님의 말씀에는 모든 시대 모든 사람의 필요를 채우고도 남는 무궁무진한 진리의 광맥이 흐른다. 영적 눈이 어두운 사람은 이 보화를 포착하지 못하고 다른 사람의 설교를 밋밋하게 읊조릴 뿐이다. 성령과 말씀에 사로잡혀 때를 따라 풍성한 양식을 공급하는 선하고 충성된 목자들이 등장하는 것이 한국 교회가 살길이다. 2014.09.16

신학교와 한국 교회의 미래

"불덩이를 안고 입학했다가 숯덩이가 되어 졸업한다." 과거에 신학생들은 이런 푸념을 자주 늘어놓았다. 요즘도 불

만족스러운 부분이 있기는 하겠지만, 최근 들어 학교에 대한 학생들의 만족도가 상당히 높아졌다.

오늘 학생 몇몇과 식사를 했다. 그중 한 명이 말하기를, 자신은 목사 아들인데 신학교에 입학하고 나서야 진정으로 회심한 것 같다며, 신학교에서 배운 학적·영적 유익이 말할 수 없이 크다고 했다. 또 다른 학생 두 명은 수업을 듣다가 교만한 자아가 깨지고 변화되는 체험을 했다고 한다. 그래서 수업 시간에 눈물을 주체할 수 없었던 적이 많았단다. 한편, 수요기도회를 막 끝낸 교수님이 찬양 인도를 하지 못할 정도로 눈물을 흘린 경우도 있다.

감정 표출이 은혜의 증거라고 말하고 싶지는 않다. 그러나 신학교는 메마르고 냉랭한 곳이라는 선입견만 갖고서 보지는 않았으면 좋겠다. 그간 신학교 무용론이 대두될 정도로 신학교는 채찍을 많이 맞았다. 그 덕분에 교수들도 학교 갱신을 위해 몸부림치고 있다. 특히 수년 안에 은퇴를 하는 나 같은 구닥다리와는 달리, 후배 교수들은 실력, 인격, 영성 면에서 매우 훌륭하다. 신학교가 제 기능을 못했다면 그것은 나와 같은 기성세대 교수들의 책임이 크다. 그러나 젊은 교수들이나 신학생들을 보면 한국 교회의 미래가 움트는 것이 느껴진다. 부디 이들을 격려하고 지원해 주면 좋겠다. 희망의 싹이 잘 피어올라 만개할 수 있도록 최적의

여건을 마련해 주는 것이 교단과 교회에 주어진 이 시대 사명이다. 2014.09.17

보수 신학교에서 외면당하는 여성들

총신대학교 운영이사회가 신학대학원 목회학 석사 과정에 여학생의 입학을 불허하기로 결정해서 논란이 되고 있다. 지금까지 가능했던 여학생 입학을 갑자기 막는 것은 시대에 역행하는 처사다. 보수 신학교에서 공부한 여성 전도사들 대부분은, 함께 공부한 남성 학우들이 목사 안수를 받고 당회장이 될 때까지도 임시직 전도사로서 이름도 빛도 없이 교회를 섬긴다. 그런 대우를 감수하면서 신학교에 입학해 공부하려는 여성들에게 그 기회마저 박탈해 버리는 것은 너무하다.

내가 가르치는 신학교에도 여학생들이 소수 있다. 그들은 영혼이 맑을 뿐 아니라, 한결같이 성실하게 공부하여 일부 불성실한 학생들에게 큰 도전이 된다. 신학적 입장에 따라 여성 목사 안수를 용납할 수 없을지라도, 여성들이 주님의 교회를 위해 기여할 수 있는 장을 열어 주어야 한다. 그것이 여성 목사 안수가 확대되는 상황에서, 보수 교단이 여성 인재들을 잃지 않는 길이다. 극단적 대응은 또 다른 극단을 불러온다는 것이 역사의 교훈이다. 2014.09.26

체면이 밥 먹여 주냐

방금 텔레비전에서 택배 기사로 일하시는 여든 살 할아버지의 강연을 시청했는데, 잔잔한 감동을 받았다. 사범대를 졸업한 후 교편생활을 하다가 은퇴하신 분이다. 교감과 장학사까지 지내고 박사 학위를 받아 대학에서도 10년간 강의하셨다. 그러다 3년 전부터 지하철 택배 기사를 하신다고 한다. 일을 하니 몸도 건강하고 밥맛도 좋으며 손자들에게 용돈도 줄 수 있어 너무 좋다고 하신다. 연세에 비해 훨씬 젊고 건강해 보인다. 친구들이 왜 격에 맞지 않게 그런 일을 하느냐고 핀잔하면 '체면이 밥 먹여 주냐'고 일침을 가한다고 하신다.

100세 시대가 도래한다는데 어떻게 노후를 의미 있게 보낼지 우리 사회가 깊이 고민할 때가 된 것 같다. 나이 먹은 사람들이 빨리 죽고 싶다고 하는 말은 공인된 거짓말이라고 하지만, 나는 그렇게 오래 살고 싶지 않다. 겨우 환갑이지만 이 땅에서의 삶은 피곤하다. 솔직히 요지경인 세상에 별로 미련이 없다.

오늘, 우리의 몸뚱이는 이 땅에 있지만 영적으로 우리는 이미 그리스도와 함께 하늘에 앉힌 바 된 사람들이라는 설교를 해서 그런가. 오늘따라 그곳이 조금은 그립다. 2014.10.12

시대를 깨우는 광야의 소리

소위 성공적으로 목회를 해서 이름깨나 알려진 젊은 목사들에게 선지자적 메시지를 기대하는 것은 무리라는 사실을 거듭 확인한다. 그들 중 몰지각한 대형교회 목사들과는 다른 참신하고 개혁적인 의식을 가진 이들이 있을 거라고 잔뜩 기대했다가 결국 실망한 예가 적잖다. 그들이 멋지게 개혁적인 포즈를 취해 보지만 성장 제일주의에 편승하여 목회 성공과 유명세라는 면류관을 얻은 사람이라는 한계에서는 벗어나지 못한다. 젊어서부터 잘나가는 교회만 경험했기에 실패 혹은 무명의 밑바닥에서 병든 교회와 이 시대의 아픔을 통관하는 혜안을 터득할 영적 숙성의 기회가 없었던 것이다.

시대를 깨우는 광야의 소리는, 시류에 영합하는 영특함과 잔꾀가 없어 시대가 알아주는 목회를 하지 못하고 낙오했다는 멸시를 받고 오랜 고독 속에서 하나님께 빚어진 사람에게서 흘러나온다. 하나님은 때가 되면 이렇게 준비된 사람들을 일시에 풀어놓을 것이다. 안타깝지만 지금은 유명한 목사들에게 기대할 것이 별로 없다. 다만, 풀뿌리처럼 묻혀 있는 이름 없는 자들이 생각 외로 많다는 사실이 한국 교회의 희망이다. 2014.10.16

염려에 찌든 목사

어떤 이는 목회가 행복하다는데 나는 힘들기만 하다. 목회가 고난이라는 사실을 새삼 절감한다. 고난 중의 으뜸은 교인들에 대한 염려일 것이다. 나는 교인들의 영적 상태에 대한 염려가 끊이지 않는다. 오래도록 신앙이 자라지 않는 이들, 세상으로 뒷걸음치는 이들, 질병과 가정 문제 등으로 고통받는 이들, 궁핍하고 연약한 이들이 항상 마음을 무겁게 한다. 교인 수가 많지도 않은데 염려거리는 가득하다.

어려움을 겪는 교인들을 위해 염려하고 기도만 하지 아무것도 해 주지 못하는 목사의 무능이 정말 싫다.

얼마 전 힘들게 아이를 출산한 교인이, 어제 처음 아이와 함께 교회에 나와 예배를 드렸다. 나는 아이가 건강하게 자라도록 간절히 기도해 주었다. 그런데 방금 그 아이가 요로감염으로 병원에 입원해야 한다는 소식을 접했다. 아이 엄마가 신앙이 아주 어린데 낙심하지 않을까 염려가 된다. 주님이 목사 체면 좀 세워 주시면 안 되나…. 어떤 사이비들은 환자에게 손만 대도 병이 낫는다는데, 왜 나에게는 이토록 처절한 무능함으로 당신의 교회를 섬기게 하시는지 오늘 저녁은 좀 따지고 싶다. 2014.10.27

한 사람이 남기고 간 음악의 의미

어제 유명을 달리한 신해철 씨에 대한 글이 페이스북에 많이 올라왔다. 유명한 록 가수였던 모양인데 나는 그 이름을 처음 듣고, 아쉽게도 그의 음악을 한 번도 들어 보지 못했다.

대학 다닐 때는 나도 록에 빠져 살았다. 모르는 록 음악이 없을 정도였다. 음악성이 꽝이라 뜻을 이루지는 못했지만, 허영심에 록 스타가 되고 싶기도 했다. 그러다 군대에서 예수를 믿은 후부터 그 세계에서 완전히 멀어져 버렸다.

환갑이 된 지금, 그 시절 많이 들었던 레드 제플린^{Led Zeppelin}의 'Stairway to Heaven'이나 딥 퍼플^{Deep Purple}의 'Highway Star'와 같이, 당시 유행하던 록 음악을 들으면 타임머신을 타고 40년 전으로 돌아간 듯한 묘한 기분을 느낀다. 음악은 흘러간 시간 속으로 여행을 떠나게 하는 마술과 같은 예술이다. 많은 사람에게 신해철의 노래도 그런 의미일 것 같다. 2014.10.28

불후의 명곡과 소모되는 설교

저녁 식사를 하면서 〈불후의 명곡〉이라는 텔레비전 프로그램을 보았다. 오래전 유행한 대중음악을 젊은 가수들이 현대적 감각으로 새롭게 부르는데 정말 압권이다. 그중 40여 년간 온 국민이 애창해 온 '하얀 손수건'을 다시 들으니 감동의 물결이 시청자인 나에게도 밀려왔다.

그 노래를 듣다가 문득 오래전 어떤 목사가 한 말이

생각났다. 가수는 노래가 한번 히트하면 평생 그 노래를 재탕하며 돈을 버는데 목사는 아무리 좋은 설교를 해도 같은 교회에서 다시 써먹지 못한다는 것이다. 그런 관점에서 보자면, 설교 사역은 굉장히 소모적인 일 같다.

몇 년 지난 일인데, 내가 일요일마다 몇십 명이 모이는 교회에서 설교한다는 말을 들은 어느 대형교회 목사가 참 아깝다는 말을 했다. 정성껏 설교를 준비해서 전해도 경청하는 사람은 소수이니, 세상적 관점에서 보면 너무도 비효율적이라는 뜻이었다. 그러나 하나님 나라 사역의 핵심 가치는 효율성이 아니다. 특별히 작은 교회를 섬기는 이들에게는 더욱 그렇다.

주의 종은 하나님의 소모품이라는 말이 있다. 설교 사역은 하나님의 말씀을 깨닫기에 한없이 더디고 마음이 완고한 사람들에게까지도 무한히 반복해서 말씀을 전하는, 어찌 보면 소모적인 사역이다. 그러나 바로 이렇게 무의미해 보이는 일을 통해, 자격 없는 자들에게 당신의 사랑과 말씀을 무한히 탕진하시는 하나님의 사랑이 증명된다. 하나님은 효율성이 아니라 주님이 맡기신 일이라면 작은 것이라도 우직하게 충성하는가에 따라 목회의 성공 여부를 가리신다. 별 효율도 없이 곧 소모되고 말 설교를 준비하느라 이 밤도 노고를 아끼지 않는 동료 설교자들에게 파이팅을 보낸다. 2014.11.08

외모 콤플렉스

영국의 작가 오스카 와일드$^{Oscar\ Wilde}$는 사람이 마흔이 되면 자기 얼굴에 책임을 질 수 있어야 한다고 했다. 그동안 살아온 삶의 흔적과 특성이 얼굴에 나타나야 한다는 뜻일 테다. 그런데 나는 환갑이 되었는데도 그 점에 있어서는 함량미달이니 고민이다. 내 얼굴 때문에 생긴 별명이나 평만 들어 봐도 내 인상이 어떤지 짐작할 것이다. 인상이 칼로 벤 것 같다고 해서 얻은 별명이 '칼빈'이고 '독일 전차 군병 같다', '목사가 아니라 검사 같다', '조직신학을 가르치는데 인상도 조직적이다'라는 말을 듣곤 한다. 그래서일까? 사람들은 나를 처음 만나면 편안해하기보다는 긴장하고 불편해한다. 그러니 목사로서는 치명적인 약점을 지니고 있는 셈이다.

주님의 온유하심과 아름다움을 조금이라도 반영하는 은혜로운 인상을 가진 목사가 된다면 얼마나 좋을까? 사실 이것은 내 평생소원이다. 청년 시절 가까이서 뵙던 목사님의 얼굴에서 주님의 얼굴이 엿보였고 그때부터 내 안에는 그 이미지를 닮고 싶은 목마름이 끊이지 않았다. 하지만 주님은 왜 현재의 내 모습과 정반대의 것을 그토록 갈망하게 하신 걸까? 소원은 주셨으면서 왜 그 소원을 들어주시지는 않을까? 나는 지금도 사그라지지 않는 목마름을 느끼며, 그래서 내 얼굴은 아직 공사 중이고 미완성이라고 스스로를 위로할 때가 많다.

그런데 지난 일요일에 교회에서 아주 위로가 되는 말을 들었다. 한 집사가 중학생과 고등학생인 두 딸이 우리 교회에서 가장 잘생긴 사람이 나라고 했다는 것이다. 그러자 그 옆에 있던 집사도 자기 딸도 그렇게 말했다고 한다. '이게 뭐지? 이걸 어떻게 해석해야 하지?' 갸우뚱했다. 그러다 곧, 마음 깊이 감추고 있는 외모 콤플렉스를 조금이라도 해소하도록 도와주는 아이들의 자비로운 음성이라고 생각하기로 했다. 고맙다 아이들아! 2014.11.15

잘 팔리는 책

『왕의 재정』규장이라는 책이 있다. 기독교 온라인 서점에서 장기간 베스트셀러 자리를 차지하고 있는 책이다. '돈이 주제라 관심이 많구나' 싶기도 하고, 호기심이 일어 저자 인터뷰를 찾아보았다. 그런데 처음부터 기가 죽었다. 하나님이 그에게 책을 쓰라고 직접 말씀하셨다는 것이다. '아, 바로 이게 다르구나!' 나는 도무지 들리지 않는 하늘의 명을 그녀는 들었다. 하나님에게 그런 명을 듣기는커녕, 책을 써야 하나 말아야 하나 잔뜩 고민만 하다가 내적 부담을 못 이겨 겨우 쓴 내 책과 신명神命에 따라 쓴 책을 어찌 비교할 수 있겠는가? 나도 다음에는 그런 계시를 받아 책을 써야 할 모양이다. 2014.11.20

12월
전쟁설

12월에 한국에 전쟁이 일어난다고 예언한 홍 아무개 전도사의 동영상을 보았다. 화가 나서 욕을 한바탕 해 주고 싶다. 구약 같으면 하나님의 이름을 빙자하여 거짓 예언하는 자는 돌로 쳐 죽여야 하는데 그런 인간이 버젓이 활개 치고 다니며 무지몽매한 사람들을 미혹하는 현실이 개탄스럽다. 교회의 선생으로서 책임을 통감한다.

사람은 말과 모습에서 영의 정체가 드러날 때가 많다. 나는 그녀의 얼굴에서 미혹의 영을 보았다. 성령의 지혜와 분별력이 있는 사람이라면 그것을 쉽게 감지할 수 있을 것이다. 그는 4년 동안 1,500번 입신을 해서 하늘을 다녀왔고, 바울이 간 삼층천도 다녀왔다고 한다. 참으로 가소롭다. 나는 매일매일 그보다 훨씬 고차원적 체험을 한다. 나는 매일 하늘

지성소에 들어간다. 아니, 하늘 아버지의 보좌 오른편을 내 거처로 삼아 그곳에 항상 거한다. 하나님이 주님과 함께 우리를 살리셨고, 그리스도 안에서 함께 하늘에 앉히셨기 때문이다.엡 2:6 우리 몸은 땅에 있지만 우리 영은 천상에 거한다. 하나님의 품이 곧 우리의 영혼이 거하는 집이다. 하늘에 속한 사람들에게 그런 무당들이 하는 입신 따위는 가소로울 뿐이다. 2014.11.21

정말 전쟁이 난다면?

하나님의 계시라며 12월에 전쟁이 난다는 헛소리를 해대는 사람이 나를 비난하며 회개하라고 했단다. 그렇지 않아도 나는 매일 회개한다. 특별히 이런 미치광이가 사람들을 미혹게 하는 것을 막지 못한 책임을 통감하며 회개한다. 교인들이 그런 황당무계한 소리에 솔깃할 정도로 분별력을 상실하게 가르친 우리 선생들의 잘못을 통회한다.

누군가의 헛소리처럼 정말 12월에 전쟁이 일어나면 어떻게 하느냐고 염려하는 이가 있다. 나에게 미래를 알아맞히는 능력은 없다. 나는 한 치 앞도 모른다. 내일 전쟁이 날지, 주님이 재림하실지 알 수 없다. 그저 하루하루를 살 뿐이다. 주님이 우리가 미래를 아는 것을 허락하지 않으셨기 때문이다. 미래는 전적으로 주님 손에 달려 있다. 그러나 우리 앞날이 불투명하더라도, 우리의 미래를 완벽하게 주관하시고 섭리하시는 주님이 계시는데 무엇이 불안한가? 어떤 상황에서도 우리를 선하게 인도하실 주님의 주권과 신실하심에 대한 신뢰가 흐릿한 이들이 불안해하고, 거짓 예언자에게 낚여 유린당한다.

만에 하나 전쟁이 난다고 치자. 그럼 그 거짓 예언자의 예언이 들어맞은 것인가? 한반도는 전쟁의 위험이 늘 도사리고 있는 땅이니, 우연의 일치일 수 있다. 혹 미래를 점치게 하는 미혹의 영이 역사한 것일 수도 있다. 그런 일이 생기면 수많은 그리스도인은 사탄의 궤계에 말려들어 그를 추종할 것이며, 그 예언을 거짓이라고 한 나 같은 사람을 배격할 것이다. 전쟁으로 이 나라는 물리적으로 폐허가 될 뿐 아니라, 영적 파멸에 치달을 것이다. 나는 아직은 이 나라와 이 교회가 그런 멸망에 이르지 않도록 주님이 우리를 지켜 주실 것이라고 믿는다.

전쟁이 날 것이니 한국을 떠나 피신하라고 한다. 그러나 기독교 정신이 제대로 박힌 사람이라면 그런 때일수록 조국에 남아 고통받는 이들과 함께 고통받으며, 이 나라에 긍휼을 베풀어 주시기를 주님께 간절히 구할 것이다. 주님의 교회와 사랑하는 조국을 버리고 어디로 간다는 말인가? 만일 이 땅에 전쟁이 일어나면 나는 외국에 있다가도 한국에 들어올 것이다. 2014.12.02

철책선을 다녀오다

학기를 마무리하고 머리도 식힐 겸 아내와 길게 드라이브를 했다. 40년 전 군 복무를 한 최전방 철책선까지 갔는데, 이제는 일반인도 민간인통제선을 지나 전망대에 들어가 관광을 하도록 허용하고 있었다.

놀랍게도 내가 1년간 경계 근무를 섰던 곳 바로 옆에 전망대가 있었다. 눈앞에 펼쳐진 광경을 보노라니 가물가물했던 기억이 되살아났다. 영하 20도가 넘는 매서운 추위 속에 밤을 새며 경계 근무를 섰었다. 양말을 몇 겹씩 신어도 발이 시리다 못해 아리고 나중에 마비가 와서 통증도 느끼지 못할 정도로 추웠다. 긴긴밤을 지새우며 아침이 오기를 얼마나 기다렸는지 모른다. 그래서 아침을 기다리는 파수꾼의 심정을 나는 안다.

하지만 시편 기자의 말처럼, 지금 나의 영혼은 그보다 더 간절히 주님을 기다린다. 나의 영혼을 자유롭게 하실 주님, 한국 교회를 새롭게 하실 주님, 고통받는 북녘의 사람들을 해방하실 주님을 기다리고 또 기다린다. 2014.12.10

아직도 가야 할 길

어제 내가 가르치는 과목의 학기말 시험이 있었다. 시험 감독을 위해서가 아니라 시험도 배운 내용을 정리하는 수업의 연장이라고 생각해서 나도 임석하였다.

시험문제에 대한 질문이 있으면 받아 주고 학생들이 평안한 마음으로 시험을 치르도록 기도해 주기 위해, 1시간 40분 동안 책상 사이의 통로를 천천히 걸으며, 학생들 한 사람 한 사람을 유심히 뜯어보았다. 수강 인원이 100명이 넘어 1년을 가르쳤는데도 누가 누구인지 제대로 모르겠다. 담임 교수제가 있어 담임하는 학생들과는 그래도 자주 만나지만 다른 학생들과는 개인적으로 만나 대화를 나눌 기회가 거의 없었던 점이 아쉽기 그지없다.

이것이 오늘 신학교가 안고 있는 구조적 한계다. 학생

들을 보며 미안한 마음이 많이 들었다. 학생들 옆을 지나며 내내 기도하였다. 교수로서 내 업적과 명성에는 몰두하면서도 학생들에 대한 관심은 너무도 부족했다는 자책감을 느끼면서…. 은퇴를 몇 년 앞두고서야 선생의 기본 자질을 배우고 있다니 참 한심한 인생이다. 철들자 죽는다더니 내 이야기인가 보다. 2014.12.12

독버섯 같은 설교

연말에 깊이 기도하기 위해 기도원에 왔다. 기도원에 올 때마다 견디기 힘든 일이 있다. 하루에 수차례 열리는 집회에서 설교를 듣는 것이다. 신학 교수의 비평적 사고와 판단하는 버릇을 내려놓고 메시지가 크게 빗나가지만 않으면 어떤 설교라도 듣겠다는 마음으로 참석하는데, 대부분 은혜가 아니라 열을 받는다. 이번에도 저녁 집회에 참석했다가 역시나 듣기 힘든 설교를 들어야 했다.

집회를 인도하는 목사는 계속 "두 손 들고 아멘 하라"고 하며 "이런 사람은 넘어져도 세종대왕만 원권 옆에 넘어진다"고 했다. 또 "여기 간첩 왔으면 아멘 해 보라" 하니 누군가 큰 소리로 '아멘' 한다. 이런 슬픈 희극이 없다. 설교자는 말씀을 믿고 입으로 고백하면 그대로 이루어진다며, 3년 안에 하나님이 100억 원을 주실 것이라고 믿고 고백하면 반드시 주신다고 말했다. "믿으면 두 손 들고 아멘 하라"고 하니 사람들이 환호하며 "아멘"을 외쳤다. 그는 기복신앙의 폐해를 알고 있다며, 그런 신앙을 심어 주려는 것이 아니라 존귀하신 하나님의 말씀을 선포하는 것이라는 말을 덧붙였다. 그러나 내가 보기에는 노골적인 기복신앙보다 더 저급한 메시지였다.

일어나 큰소리를 지르고 싶을 정도로 영혼이 분하고 괴로워서 견딜 수가 없었다. 이런 독버섯 같은 설교를 듣고 열광하는 이들은 대체 어떤 신앙관을 갖고 있는 것인가?

고요한 중에 기도하려고 기도원을 찾았건만, 한국 교회의 현실을 목도하고 나니 마음만 심란하다. 이런 영혼의 진통 가운데 주님의 엄중하고 긴급한 음성이 들리는 듯하다. "너는 바로 가르쳐 올바른 목사와 교인들을 세우라. 그것이 한국 교회가 사는 길이다." 2014.12.30

금식 못하는 목사

나는 하루 두 끼를 먹는다. 식탐도 없는 편이다. 그런데도 금식은 잘 못한다. 40일 금식을 하는 사람들도 있는데, 나는 이틀만 금식해도 말씀 읽기가 힘들고 기도도 열심히 하지 못하겠다. 첫날부터 분통을 터트리게 한 기도원 집회 참석 후 방에만 있자니 답답하고 같이 있는 아내에게도 미안하여 밖으로 나갔다. 황태해장국을 먹으니 살 것 같다. 3일 금식하고 받은 은혜는 밥 한 끼 먹는 것이 얼마나 행복한 일인지 깨달은 것이라고 말한 누군가의 얘기가 떠올랐다.

돌아오는 길에 아내는 편의점에 들러 과자 두 봉지를 샀다. 기도원은 음식 반입 금지인지라, 가방에 숨겨서 가지고 들어왔다. 오늘 저녁은 기도원에서 머무는 동안 가장 행복한 시간이 될 것 같다. 2015.01.01

자유로울 때가 조심할 때

오랜만에 은혜롭고 힘이 있는 설교를 들었다. 설교에

서 청중의 심령을 사로잡을 만한 영적 감화력과 권위를 느꼈다. 이 정도의 설교라면 많은 영혼이 만족할 듯했다. 무엇보다 대형교회에서 이런 설교가 전파된다는 사실이 얼마나 다행인지 모르겠다. 그 목사는 자유와 활력이 넘쳤다. 그의 설교를 듣노라니 세상을 넉넉히 이길 만한 믿음의 담력이 교인들 안에서 불끈불끈 생길 것 같았다. 성령 안에서 자유를 만끽하며 믿음의 긍정과 확신으로 충만한 그 목사가 부럽기도 했다.

그런데 옥에 티라고 할까. 너무 자유롭다 보니 과장하는 부분이 거슬렸다. 모든 장벽을 초월하는 성령의 능력과 믿음의 위력을 강조하다 보니, 아무리 해도 안 되는 가련한 인생들의 실존적 고뇌와 아픔에 대한 공감은 부족해 보였다.

자유로울 때 더욱 조심하고 겸손해야 함을 되새기게 된다. 설교자가 성령의 은혜로 자유를 누리면 경솔해지기 쉽다. 설교자들이 성령의 능력 때문에 도리어 교만해질 수 있다. 이것이 성령으로 충만한 목사들이 경계해야 할 최대의 위험이다. 능력 있는 설교 사역을 하다가도 이 함정에서 헤어 나오지 못해 몰락의 길을 걷는 이들이 부지기수다. 차라리 오랜 속박과 실패의 밑바닥에서 철저히 낮아진 후 성령으로 충만해지는 것이 훨씬 안전하다. 그런 이들은 능력을 받고 자유를 누려도 항상 입을 티끌에 대고 자신과 같은 실

패자들을 온유하게 진리의 길로 인도할 것이다. 2015.01.22

얄궂은 하나님

며칠 동안 분해서 잠을 이루지 못했다. 옛 성깔이 치밀어 올라 한판 뒤집어엎으려고 별렀다. 최선의 결과를 위해 간절히 기도했건만 최악을 주시는 하나님 때문에 정말 복장이 터져서, 삿대질하며 항의라도 하고 싶었다.

그런데 야속하게도 하나님은 잠잠하라고 하신다. 더 이상한 건 그 말씀 앞에서 그동안 마음에 가득했던 분노가 눈 녹듯 사라지고 평안이 찾아왔다는 점이다. 하나님은 참으로 얄궂은 분이다. 마음대로 성질도 못 내게 은혜로 나를 압도하신다.

> 여호와 앞에 잠잠하고 참고 기다리라. 자기 길이 형통하며 악한 꾀를 이루는 자 때문에 불평하지 말지어다. 분을 그치고 노를 버리며 불평하지 말라. 오히려 악을 만들 뿐이라.
> 시 37:7-8

어차피 세상에는 악과 불의가 가득하다. 그런 세상에서 살면서 당하는 억울함과 울분은 너털웃음으로 날려 버리자. 그리고 암흑 속에서도 하나님의 섭리를 신뢰하고 기뻐하자. 2015.02.12

의분과
악 사이에서

불의를 당하면 분노하는 것은 당연하다. 불의를 보고도 분노하지 않는 것이 오히려 심각한 문제다. 그러나 인간의 부패성은 분노를 악으로 치우치게 만들기 쉽다. 의로운 분노도 마찬가지다. 분노를 잘 통제하여 온유함과 인내와 선으로 표출되도록 하지 않으면 악마적 폭력으로 변질될 수 있다.

최근 이런 폭력성이 내 안에서 끓어오르는 것을 발견하였다. 예수 믿기 전 욕쟁이에 싸움쟁이였던 내 모습이 부활하려는 듯했다. 성질대로 못하게 된 것이 한스럽기까지 했다. 그러나 분할수록 격양된 감정과 혈기를 다스리는 절제가 필요하다. 분노의 불길이 인간을 집어삼키면 거기서 헤어날 재간이 우리에게는 없다. 분노할 때가 성령의 임재가 가장 절실한 초비상 시기다. 성령의 임재 여부에 따라 분노가 선으로 악을 이기는 개혁의 열정과 에너지로 순화되느냐 아니면 악마적 폭력성으로 악화되느냐가 결정된다. 그러니 분이 올라올 때 성령의 도우심을 바라며 그 앞에서 잠잠하자. 2015.02.18

심리 테스트를 통과하지 못하는 한국 목사들

나는 약 30년 전 미국 개혁교단CRC에서 목사 안수를 받았다. CRC는 목사 안수를 받기 전, 정신과에서 심리 테스트를 하도록 규정하고 있다. 목사가 될 사람으로서 정신적 문제가 없는지 검사하는 것이고, 특별한 경우가 아니고는 쉽게 통과하는 의례적 절차다.

그런데 한국인 목사 후보생들이 이 테스트에서 부적격 판정을 받는 사례가 종종 있었다. 이유인즉, 정신과 의사가 교회와 가정 중 어느 쪽이 우선이냐고 질문하면, 한국인들은 한결같이 교회라고 답했기 때문이다. 미국인들의 관점에서 목사가 자신의 가정을 제대로 돌아보지 않으면서 교회 사역에 치중한다는 것은 용납하기 힘든 일이었다.

그러나 한국에서 신앙생활을 한 이들에게는 주님의 일을 위해서라면 가정을 희생하는 것이 목사가 마땅히 져야 할 십자가라는 신념이 깊게 자리 잡고 있다. 선배 목사들 모두 이 길을 걸어간 것을 보았기 때문이다.

주님께서 제자들에게 자신을 따라오려거든 부모와 형제와 처자를 버려야 한다고 말씀하신 것을 따라, 어느 시대건 복음 사역의 선구자적 역할을 한 이들은 이런 희생을 감수했다. 한국 선교 100년 동안 한국 교회를 일구어 온 이들의 남다른 헌신이 가능했던 요인도 이런 사명 의식이 있었기 때문일 것이다. 그러나 오랜 교회 역사를 지나면서 여러 요소가 안정되어 그런 희생이 필요 없게 된 미국 교회 상황에서 이런 목회 방식은 비정상으로 보일 것이다.

목사 안수를 받은 후 미국의 한 교회에서 나에게 보낸 청빙 서류에는 연봉과 여러 복지 혜택, 휴가 일수까지 상세히 적혀 있었다. 과거 한국 교회에서 이런 호강은 상상도 할 수 없었다. 대부분의 한국 목사들은 가족 휴가는커녕 월급조차 제대로 받지 못했고, 불철주야 교회 일을 하느라 가정은 항상 뒷전으로 밀쳐 두어야 했다. 그 피해는 고스란히 목사의 아내와 자녀들에게 돌아갔다. 목사 자녀들은 궁핍에 찌들어 사는 것도 모자라 아버지의 돌봄과 사랑마저 교인들에게 빼앗긴 채 살아야 했다.

신학 교수들의 가정도 예외는 아니었다. 한국 교회 초창기에 국내에서 신학 공부를 할 수 있는 환경이 만들어지기 전, 많은 이들이 혈혈단신 외국으로 건너가 재정적 어려움과 언어의 한계를 절감하며 학위를 얻기 위해 피 말리는 고생을 했다. 서구의 유구한 신학 전통과 유산을 누리면서 자국어로 자유롭게 공부하는 외국의 신학생들과는 그 처지가 완전히 달랐다. 유학하는 동안 그들의 가정은 내팽개쳐진 듯 희생되었다. 이것이 요즘 논란의 대상이 되고 있는 박윤선 박사의 가족을 비롯한 대부분의 한국 신학자들과 그 가족들의 아픈 과거사다. 박윤선 박사가 아버지로서 감내해야 했던 고충과 그의 딸이 받은 상처 모두 이런 시대 배경을 토대로 이해해야 한다.

나도 미국에서 공부하는 동안 자녀들을 제대로 돌보지 못했다. 공부를 끝내고 귀국하면서 미국에서 태어나 중학교 2학년까지 다닌 딸과 초등학교 2학년인 아들을 데려왔다. 둘 다 한국어 수업을 알아듣지 못했지만 외국인 학교에 보낼 형편이 못 돼 부산에 있는 일반 학교에 다니게 했다. 한국에 오는 것을 아주 싫어했던 사춘기 딸아이는 낙후한 여자 중학교에서 엄청난 문화 충격을 받았다. 딸은 즐겁고 발랄했던 미국에서와는 달리 항상 그늘진 얼굴로 힘겨운 시간을 보냈는데, 그런 딸의 어려움에 큰 관심을 두지 못한 나는 한국에서 새로 시작한 교수 사역에 도취해 있었다. 나는 주님의 일이 우선이라는 명분을 내세웠다. 지금 돌아보니 거룩한 명분으로 포장된 야심에 사로잡혀 부모의 도리를 다하지 않고 자녀들을 희생시킨 것이다.

이런 야박한 아비를 원망하지 않고 잘 자라 준 딸에게 미안하고 또한 감사하다. 딸은 처녀 때는 나를 닮아서인지 성깔이 있더니 결혼하여 엄마가 되고 나서는 못난 부모에 대한 배려가 더 각별해졌다.

아마 내 딸이, 상처받은 부정적 시각으로 이 아비의 치부를 드러낸다면 최근 논란이 되고 있는 『목사의 딸』^{아가페북스} 못지않은 책을 쓸 수 있을 것이다. 딸아, 많이 미안하다. 그리고 깊이 감사한다. 나뿐 아니라 우리 모든 목사들이 자녀들에게 이 말을 꼭 들려주어야 할 것이다. 2015.03.12

자기 설교에 도취된 목사

신학교를 갓 졸업하고 설교를 시작했을 무렵의 일이다. 당시 나는 자신감이 충만하여, 내 설교를 최대한 많은 사람에게 들려주고 싶었다. 하루는 故 이정석 교수와 차를 같이 타고 가다가, 설교 실력을 뽐낼 요량으로 내 설교 테이프를 틀어 주었다. 원래 과묵한 그는 아무 말이 없었다. 성품이

강직하면서도 날카로운 비판 의식을 겸한 그가 속으로 무슨 생각을 했을지 지금 생각하면 얼굴이 화끈거린다. 그때의 나는 병적으로 자기도취에 빠져 있었던 것이 아닌가 하는 생각이 든다.

반대로 지금은 내 설교를 내가 듣는 것이 힘들다. 간혹 내 설교가 어디서 흘러나오면 재빨리 꺼 버린다. 우리 교회뿐 아니라 다른 교회에서 설교를 해도 인터넷에는 올리지 말아 달라고 부탁한다. 인터넷에 올라오는 설교가 오용될 수도 있지만 많은 사람이 내 설교를 듣는 게 무척 싫기 때문이다. 젊은 날의 모습과 극명하게 대조되는 이런 모습도 또 다른 자기집착증이 아닌가 싶다.

성령으로 충만하면 병든 자의식에서 벗어나 자유로워질 텐데, 언제쯤 그런 자유를 누릴 수 있을까? 설교를 자랑스럽게 인터넷 매체에 올리는 분들을 보며 많은 생각이 교차하지만, 나는 앞으로도 이정석 교수가 내게 보여 준 모범을 실천하려고 노력할 것이다. 2015.03.17

자투리 인생을 사용하시는 주님

어떤 설교자가 대개 그리스도인이 인생의 대부분을 자신을 위해 살고, 자투리만 주님께 바친다고 말했다. 이는 나 같은 목사들도 마찬가지인 것 같다. 주의 일을 한다는 거룩한 명분에 도취되어 결국 나를 위해 살아온 것 같기 때문이다. 인생의 황혼기에 접어들어 지난날을 돌이켜 보니 주님을 위한 불경건한 열심, 즉 주님의 영광보다는 나의 성공과 만족, 명성을 은밀하게 추구한 욕망이 젊은 날의 나를 주관했다는 생각이 든다.

오스왈드 챔버스^{Osward Chambers}가 "주님의 최상을 향한 우리의 최선"을 바쳐야 한다고 했는데, 나는 나를 위해서는 최상의 것을, 주님을 위해서는 최하의 것을 드리는 것 같다. 그럼에도 내가 드리는 자투리 인생마저 귀하게 받고 사용하시는 주님의 은혜가 한량없다. 2015.03.26

목사, 고립에서 나와야 산다

'목사의 고립'이라는 글을 읽었다. 이 글의 제목처럼 성도의 교제가 가장 부족한 사람이 목사일 수 있다. 목사는 교인들에게 자신의 모습을 있는 그대로 드러내기보다는 교인들의 기대에 부응하는 목사상을 만들어 내는 데 무의식적으로 많은 에너지를 소모한다. 은혜가 없는데 은혜로운 모습과 메시지를 연출하려니 스트레스가 쌓인다. 목사에게 가식의 짐만큼 무거운 십자가는 없을 것이다. 신앙 인격이 미성숙한 목사일수록 가면을 써야 할 이유가 많아지고 그럴수록 더 많은 에너지를 소진하게 된다.

어쩌면 교인들을 매료시킬 만한 세련되고 멋진 가면을 잘 만들고, 또 그에 따르는 수고와 스트레스를 잘 감수하는 사람이 목회에서 성공을 거두는지도 모르겠다. 그러나 그렇게 성공을 거둔 후에도 목사는 내적으로는 탈진하고 공허에 시달릴 수 있다. 이런 상태에서는 영적 일탈에 빠지기 쉽다.

이런 사태를 악화시키는 데 교인들도 한몫한다. 많은 교인이 볼품없는 목사가 아니라, 우러러볼 수 있는 신비감에 싸인 목사상을 원한다. 스타 혹은 교주 같은 목사를 추앙하고 싶은 것이다. 교주는 약점은 감추고 장점은 극대화한다. 미성숙한 교인들이 목사들에게 그런 교주 근성을 부추기는 것이다. 목사들은 가면을 벗고 자신의 진짜 얼굴이 드러나면 교인들에게 거부당할 것 같은 두려움에 가면 속에 숨어 고립된다. 교인들이 목사를 있는 그대로 인정하고 사랑하면 목사도 가면을 벗고 참모습을 보여 줄 수 있을 것이다. 그때 비로소 목사도 한 명의 성도로서 교인들과 진정한 교제를 누릴 수 있을 것이다.

이런 생각 때문에 나는 교회에서 부끄러움을 무릅쓰고 나의 약함과 상처를 드러낸다. 교인들은 나를 거부하거나 부담을 느끼기보다는 오히려 깊이 공감해 준다. 교인들의 이런 위로와 도움이 없었다면 목사로서 직면했던 위기와 역경을 나는 극복하지 못했을 것이다. 교인들에게서 위로와 치유를 받은 목사로서 이제는 나와 같이 상처받은 교인들을 더 잘 보살피는 상처 입은 치유자로 조금씩 성숙해 가고 있다.

성화와 영적 성숙은 성령의 교제 속에서만 이루어진다. 성령의 은혜는 일방이 아니라 쌍방으로 역사한다. 목사는 교인들에게 은혜를 전달하는 역할만 하는 것이 아니라 교인들에게서 은혜를 받는 사람이 되어야 한다. 고립은 성령의 교통하심은 약화시키고 죄와 사탄의 세력은 강화시킨다. 그래서 고립된 목사는 가장 성화가 안 된 사람일 수 있고, 죄의 세력 앞에 쉽게 무너질 수 있다. 그것은 목사에게 가장 큰 위기다. 그러므로 목사가 살길은 고립에서 뛰어나와 성령이 역사하는 교제의 장으로 들어가는 것이고, 교인들은 그렇게 돌아온 탕자를 뜨거운 사랑과 배려로 포용해야 한다. 2015.03.28

광야가 물 댄 동산으로

연구학기를 맞아 미국에 잠시 머물고 있다. 캘리포니아 남단 해변을 따라 펼쳐진 마을 풍경을 보며 새삼 미국이라는 나라가 그 이름에 걸맞게 정말 아름답다는 생각이 들었다. 이곳은 원래 볼품없고 황량한 광야였지만, 거친 사막에 물을 대서 수목이 무성한 낙원 같은 도시가 세워졌다. 광야에 화초가 피고 백합화가 만발한 물 댄 동산이 되리라는 선지서의 예언이 바로 이곳에 성취된 듯하다. 인간의 위력이 실로 대단하다.

현대 문명의 발전으로 사막이 파라다이스로 바뀌는 것이 가능해지긴 했지만, 사막처럼 황폐한 내면세계는 오직 생수의 근원이신 주님과 연결될 때만 물 댄 동산으로 변할 수 있다. 부활의 복음은 불모지나 다름없는 인간의 마음에 강을 흐르게 하고, 풍성한 열매가 맺히게 하는 기적을 낳는다.

캘리포니아 남쪽을 달리며 잃어버린 복음의 능력을 반추해 본다. 복음을 통하여 옛 생활을 뒤집으시는 하나님 나라가 왜 믿는 자들 가운데 능력으로 임하지 않을까? 부활하신 주님을 믿는 자들의 심연에 생수의 강이 흐를 거라 하셨는데 그들의 심령은 왜 바싹 메말라 있을까? 내면이 고갈된 상태이니 세상에 흘려보낼 생명수가 어찌 있으랴. 2015.04.05

도박의 추억

환락의 도시 라스베이거스의 큰 호텔에 묵게 되었다. 이 지역은 숙박비와 음식값이 저렴해서 다른 지역의 모텔비 정도만 내면 좋은 호텔에서 묵을 수 있다. 라스베이거스에 오니 수십 년 전 카지노 슬롯머신에 25센트 동전을 넣고 5백 달러를 딴 추억이 떠오른다.

보통 라스베이거스에 여행을 오면 도박과 거리가 먼 사람들도 재미 삼아 슬롯머신을 한번쯤 한다. 그날 우리 가족은 자정 즈음에 작은 호텔에 당도했는데, 직원이 슬롯머신에서 게임을 해 보라고 권했다. 그 기계가 온종일 돈을 삼키기만 했으니 이제는 토해 낼 확률이 높다면서 말이다. 정말이지 신기하게도 게임을 시작한 지 얼마 안 되어 기계가 동전을 뱉어 내기 시작했다. 25센트짜리 50개, 100개가 우르르 쏟아져 나오는데, 그때의 짜릿한 기분은 아직도 잊히지 않는다. 그 맛에 도박에 빠지나 보다. 가난한 신학생이었던 나는 그날 딴 돈으로 모처럼 만에 떠나온 여행 비용을 충당할 수 있었다.

호텔 카지노는 월요일인데도 사람들로 북적였다. 공기가 탁해 숨이 막힐 지경이었다. 추억을 떠올리며 슬롯머신을 기웃거릴 법도 했지만, 이상하게도 전혀 하고 싶지 않아 일찌감치 방으로 올라왔다. 얼마 전 유명 가수가 원정 도박설로 홍역을 치렀는데, 목사가 도박을 했다는 구설수에 오르면 곤란하지. 가뜩이나 뭐든 꼬투리를 잡으려는 이들이 널려 있으니 조심해야 한다. 부디 이 글도 왜곡해서 읽지 않으시기를…. 2015.04.07

잊지 말아야 할 것

세월호 참사를 잊지 말자는 캠페인이 진행 중이다. 이런 캠페인을 한다는 것 자체가 이 사회가 얼마나 무정한 사회인지, 인간다움을 잃어버린 사회인지를 반영한다. 금수가 아니고서야 어찌 그 일을 잊을 수 있으랴. 길고 긴 시간 동안 아이들이 눈앞에서 산 채로 수장되는 것을 보아야 했다. 숨이 막혔고 간장이 녹는 것 같은 아픔과 좌절, 분노로 모두가 자지러졌다. 그랬던 참극을 어찌 잊겠는가. 세월호 참사는 우리 가슴에 철필로 새겨져 영원히 지워지지 않을 것이고, 민족사에 가장 참혹한 비극으로 기록될 것이다.

무엇을 잊지 말아야 할까? 불편한 진실 앞에서 눈을 감아 버리고 망각의 늪에 묻어 버리려 해도, 곧 드러날 역사의 심판을 피할 수 없다는 사실을 잊지 말자. 세월호 참사는 단순 사고가 아니라 이 사회의 총체적 부패와 부실함이 드러난 사건임을 잊지 말자. 국가 개조 차원의 변혁이 필요하다고 한 대통령의 공약이 위기 모면을 위한 임기응변에 불과한 것이 아니었는지, 어떤 실효가 있었는지 판단해야 함을 잊지 말자. 그같이 큰 희생을 치르고도 진정한 자성과 변화가 없다면 이 민족에게는 희망이 없다.

더불어 교회가 민족의 비극 앞에 어떤 태도를 취했는지 역사가 심판할 것임을 잊지 말자. 교회가 고통받는 이들의 눈물을 닦아 주고 원통함을 풀어 주며 선견자적 안목으로 민족의 갈 길을 제시했는가? 아니면 보신주의에 빠져 권력에 빌붙어 짖지 못하는 개들이 되었는가? 머지않아 역사가 판단할 것이다. 2015.04.16

세월호가 남긴 상처가 한이 되어 슬피 운다

우리 민족에게는 '한'이라는 독특한 정서가 있다. 이는 외세의 잦은 침략과 압제로 짓밟혀 온 비운의 역사가 만들어 낸 것이다. 경제 중흥은 가난에서 벗어나 한번 잘살아 보려는 한풀이였다고 볼 수 있다. 성장 제일주의가 가난 때문에 생긴 기성세대의 사무친 한을 풀어 준 반면, 젊은 세대는 그 후유증을 고스란히 떠안아 더 깊은 한이 맺혔다. 성장주의의 부작용이 빚어낸 세월호 참사가 남긴 깊은 상처 또한 한이 되고 말았다.

기성세대를 비롯하여 정치 지도자들과 종교 지도자들은 왜 그것을 보지 못하는가. 이들의 상처를 싸매 주고 한을 풀어 주어야 한다. 그것은 경제성장이 아니라 긍휼, 정직, 배려, 즉 인간다움이 회복되어야만 가능하다. 인간다움이 없는 이들에게 무엇을 기대할 수 있단 말인가. 2015.04.17

아픔과 더불어 사는 인생

인생은 아프다. 평생 가시지 않는 아픔을 절절히 끌어안고 사는 이들이 부지기수다. 미국 칼빈 신학교 교장이었던 존 크로밍가$^{\text{John H. Kromminga}}$ 교수는 평생 정신분열증에 걸린 아들을 곁에 두고 살며 피 말리는 시간을 보내야만 했다. 정신 질환을 앓는 환자의 가족이 겪는 고충은 이루 형용할 수 없다. 크로밍가 교수는 하나님께 화가 나곤 했다고 한다.

기독교 윤리학자 스탠리 하우어워스$^{\text{Stanley Hauerwas}}$도 극심한 우울증에 시달리는 아내를 돌보며 미칠 듯이 괴롭고 고독한 삶을 근근이 버텨 냈다고 고백했다. 우리 주위에도 평생 하나님께 간구하며 매달려도 해결되지 않는 문제와 고통, 장애로 신음하며 사는 이들이 많다. 하우어워스가 말했듯이, 이런 이들에게 신앙은 해답이 없는 인생을 살아가는 것이나 다름없다.

인생의 고뇌와 실존적 아픔에 대한 깊은 이해 없이, 모든 문제에 대한 정답을 가진 듯이 기독교 신앙을 만병통치약으로 소개하는 천박하고 상업적인 메시지는 참을 수 없는 가벼움을 느끼게 한다. 어떤 설교자들은 인생을 너무 모르는 것 같다. 그들은 가상의 인물들을 향해 설교하듯이 청중의 실제 상황과는 동떨어진 메시지를 전한다. 교인들이 처한 실존적 문제에 파고들어 가지 못하는 설교는 공허한 메아리에 불과할 뿐이다.

알 수 없는 인생의 고통에 질려 혼비백산해 있는 이들을 향해 믿기만 하면 만사형통할 것처럼 입빠르게 답을 툭툭 내던지는 무정함과 경박함을 제발 거두면 좋겠다. 나부터…. 2015.04.19

사랑의 눈빛

신학 공부를 하겠다고 마음먹었을 즈음의 일이다. 어머니와 집 근처 기도원에서 열린 집회에 갔다가 어떤 전도사를 만났다. 그녀는 나와는 눈만 마주쳤고 어머니와 잠시 대화를 나눴다.

집에 돌아오는 길에 어머니가 그에게 들은 말을 전해 주었다. 그가 대번, 아들이 목사가 되려고 하지 않느냐고 물으면서 "아들이 멀어도 한참 멀었다"고 말하며 혀를 찼다고 한다. 나와 말 한마디 나누지 않았는데 흘깃 보고 알아맞히다니 대단히 신통한 사람이었다. 예수 믿은 지 얼마 되지 않아 혈기가 넘치는 20대 청년은, 누가 봐도 목사가 되기에는 한참 멀어 보였을 것이다. 그의 말대로 나는 한참 모자란 사람답게 버럭 화를 내며 '미친 년'이라고 욕을 했다.

며칠 전, 그 족집게 전도사의 악몽을 떠오르게 한 사건을 겪었다. 전도사 시절 내가 지도한 자매를 중년이 다 되어 만났다. 그는 자신이 몇 년 전 성령 체험을 했다며 성령 체험을 하지 못한 목사와 신학자들을 성토했다. 성령에 대해 이야기하면서 나는 그에게 도움을 주기 위해 성령 체험의 핵심이 무엇인지 설명해 주었다.

그는 내 설명이 논리정연해서 놀란 눈치였다. 그는 이어서 이렇게 말했다. "지식은 많으신데 삶에서 체험하지 못하니 고민이 많으시겠어요." 나는 솔직하게 말했다. "맞아요. 성령에 대한 지식은 많은데 성령의 은혜를 충만히 누리지 못해 안타까워요." 그는 내가 안됐고 불쌍하다며, 30년 전보다 안 좋게 변했다고 소리를 높였다. "저처럼 단도직입적으로 말하는 사람 아니면 누가 이런 조언을 해 주겠어요? 은혜가 충만한 사람은 아무 말 안 해도 미소 짓는 얼굴에서 은혜가 드러나는 법이지요." 내 얼굴이 날카롭게 생겼을 뿐 아니라 미국에 와서 잠자리를 계속 옮기는 바람에 피곤한 게 얼굴에 드러났던지 그는 내가 성령을 지식으로만 알고 내 안에 은혜는 쥐꼬리만큼도 없다고 생각한 것 같았다.

30년 동안 내가 어떻게 살았는지 잘 모르면서, 한때

자신을 지도했던 사람을 무안하게 만드는 말을 쏟아 내는 걸 조용히 듣고 나서 돌아서는데 마음이 씁쓸했다. 그의 지적이 아주 틀리지 않았기에 더욱 그랬다. 성령에 대해 멋지게 설교를 할 수는 있어도 성령의 은혜가 충만하지 못한 나 자신에 대해 누구보다 내가 잘 알기 때문이었다.

건강한 신앙 인격과 상식을 지닌 사람은 누군가가 부족하고 설익은 모습을 보이면, 지금은 아니지만 하나님의 은혜로 아름답게 변화될 나중 모습을 소망하며 긍휼과 사랑의 눈으로 봐준다. 나는 이런 사랑의 눈빛에 많은 빚을 지고 살아왔다. 오늘, 그와는 사뭇 다른 싸늘한 눈빛을 접하며 그동안 내가 받은 사랑과 긍휼의 눈빛이 얼마나 귀한 것인지 새삼 절감했다. 사랑의 눈빛에 빚진 나도 그런 사람을 따뜻한 눈빛으로 바라보아야 하리라. 2015.04.25

쉼 없는 인생

오래전 이민 와서 살았던 로스앤젤레스 남단, 태평양이 눈앞에 펼쳐지는 해변의 절경을 보고 있노라니, 누군가가 "천당은 못 돼도 오백당은 되는 것 같다"고 한 말이 실감 났다. 그러나 눈부시게 화사한 봄날, 내 맘은 심란하고 울적하다.

큰누님이 호흡기 질환으로 뼈만 앙상하게 남아 거동도 못하고 산소호흡기를 한 채 집에 있는 형편이고, 뇌출혈로 몇 번 쓰러졌던 큰 형님은 간까지 나빠져 송장 같은데, 아내와 자식들까지 떠나 버린 상황이다. 어디를 가도 마음이 편치 못하다.

LA를 떠나 뉴저지에 도착하자마자 장인어른이 폐렴으로 위독하다는 비보를 접해, 밤에 자다가도 휴대폰 진동소리에 불안하여 깨곤 했다. 페이스북에 기도 부탁을 한 후, 장인어른의 상태가 다소 나아졌다고 해서 한숨 돌리긴 했지만 아내와 나는 좌불안석이다. 쉼을 얻으려고 미국에 왔는데 도무지 쉴 수가 없다.

가족들의 우환에 걱정이고, 교회의 아프고 어려운 교우들 때문에 근심이며, 세월호 참사로 인한 혼란, 네팔 지진으로 발생한 엄청난 인명 피해 소식에 마음이 무겁다. 그리스도 안에 있을지라도 끊임없는 근심과 고난에서 면제되지 않는다는 사실을 나이 들수록 절감한다. 교인들에게 뭐 그리 좋은 일이 많아서 맨날 히죽히죽 웃느냐고 가끔 냉소하던 박영선 목사의 심정이 새삼 와닿는다.

인간은 처참하게 망가져 신음하고 있는데, 자연은 아름다운 자태를 마음껏 뽐내고, 봄날의 햇살은 왜 이리도 화사한지 야속하기도 하다. 그러나 피조물도 우리 인생들의 고통에 무언의 탄식으로 동참하며 인간의 완전한 회복을 학수고대하고 있으리라. 그래서 봄날의 햇살과 아름다운 전경으로 그 소망을 뿜어내고 있나 보다. 2015.05.03

목사라서 죄송한 시대

성추행 혐의를 받고 있는 전병욱 목사가 경찰 조사를 받을 것이라고 한다. 진상 규명을 요구하는 이들을 홍대새교회에서 명예훼손으로 고소한 것이 도리어 화근이 되었다. 오늘 '전병욱'이라는 이름이 포털 사이트 검색어 1위에 오를 정도로 관심이 뜨거웠고, 그 관심만큼 목사 이미지는 짓밟혔다. 합동 교단의 평양 노회가 이 문제를 제대로만 다뤘어도 온 세상에 교회와 목사의 이름이 이렇게 우세스럽게 되지는 않았을 텐데 참으로 개탄스럽다.

한국 사회에서 목사는 존경의 대상이 아니라 혐오와 기피의 대상이다. 유명세를 떨친 대형교회 목사들의 몰락뿐 아니라 이름 없는 수많은 목사들의 탈선이 큰 몫을 했을 테고 자격 미달의 목사들을 배출한 나 같은 신학 교수들의 책임 또한 막중하다. 그래서 죄송하다.

이번에 미국 서부와 동부에서 만난 교인들은 모두 목사 때문에 교회에서 심각한 분란을 경험한 처지였다. 목사의 비리 혹은 스캔들, 횡포 때문에 상처를 받은 교인들은 목사에 대한 기대를 접는 것이 더 큰 상처와 실망에서 자신을 지키는 방책임을 알고 있었다. 멋들어지게 설교하고 뒤에서는 그 말씀을 뒤엎는 추태를 부리는 목사가 속출하는 상황이다 보니 아무리 좋은 설교를 들어도 마음이 열리지 않는다고 했다. 교인들의 탄식을 들으며 목사로서 너무 부끄럽고 죄송했다.

목사로 산다는 것이 참으로 고통스러운 시기다. 훼손된 목사 이미지를 복구하는 것은 불가능에 가깝다. 그럼에도 목사로 부름받은 우리는 이 힘들고 고통스러운 길을 가야 한다. 허물 많은 불완전한 인간이지만 최소한 우리가 전하는 말씀을 우리가 훼방하지 않도록 몸부림치는 수고는 해야 하지 않겠는가. 우리 후손에게는 이 수치와 모멸을 안겨주지 말아야 할 텐데…. 2015.05.05

무심한 아들

어머니는 24년 전, 지금 내가 머물고 있는 미국 뉴저지에서 돌아가셨다. 75세까지 아주 건강하게 사셨는데 어느 날 갑자기 감기 증세와 열이 떨어지지 않아 입원했다가 끝내 병원 문을 걸어 나오지 못하셨다. 오늘 나는 어머니가 우리 가족과 함께 살았던 집을 지나쳤다.

어머니와 우리 가족은 다른 형제들이 사는 LA에서 9년간 이민 생활을 하다가 내 박사 학위 과정을 위해 동부로 이주하였다. LA에서도 부유한 다른 자녀들 집을 마다하시고 신학 공부하느라 가장 가난하고 누추한 우리 집에 사시면서 직장 생활하는 아내를 대신해 손자들을 키우고 살림을 해 주셨다. 어머니는 미국 정부가 노인들에게 매달 주는 생활보조금도 몽땅 가난한 신학생 아들에게 주셨다.

어머니는 30대에 과부가 되고 쉰이 넘어 뒤늦게 예수님을 믿으시면서 눈물겹도록 교회에 헌신하셨다. 교회에 처음 나간 다음 날부터 새벽기도회에 빠지지 않고 다니셨다.

교회 가자는 말이라도 꺼내면, 교회는 위선자들이나 죽을 때가 가까운 노인들이 가는 곳이라고 역정을 내던 망나니 같은 막내아들이 예수님을 믿게 되고, 급기야 목사가 되겠다고 했을 때 어머니는 얼마나 기쁘셨을까? 새벽마다 과부가 드린 애절한 기도에 하나님은 그렇게 알 수 없는 방법으로 응답하셨다.

그렇지 않아도 막내 사랑이 극진했는데, 막내가 목사가 되겠다고 하니 어머니는 교회 일에 더욱 헌신하셨다. 칠순이 넘어서도 새벽 네 시에 일어나 기도를 하셨고 기도를 하면 몸이 날아갈 것 같다며 종일 아이들을 돌보고 집안일을 하셨다. 그 덕분에 나는 편하게 공부할 수 있었다. 어머니가 하루라도 안 계시면 그 불편함은 말할 수 없을 정도였다.

생전 그러시지 않았는데 아프시기 전에, 형님과 누님들 가족을 보러 LA에 다녀오고 싶다고 하셨다. 나는 내 공부에 지장을 받는 게 싫고 여러 불편을 감수하기 싫어 나중에 가시라고 만류했다. 돌아보면 참으로 이기적이고 무심한 아들이었다.

돌아가시기 직전까지도 어머니에게 해 드린 것이라곤 아무것도 없다. 어머니는 내가 교수로 일하는 것을 보지 못하고 돌아가셨다. 헌신한 결과와 그 덕을 전혀 보지 못하신 것이다.

그러니 나는 어머니날 Mother's Day에 설교할 자격이 없는 목사다. 어머니날이면 특별히 어머니를 여읜 자식들은 후회와 자책으로 가슴이 저밀 것이다. 아직 어머니가 살아 계신다면 평생 남을 회한을 조금이라도 덜 기회가 있어 참 다행이다. 어버이 살아 계실 때 잘하라는 말이 새롭게 와닿는다. 2015.05.07

종교적 가식

"인생은 쇼인가 봐!" 사람들에게 큰 존경을 받던 목사가 임종을 앞두고 막역한 친구에게 푸념처럼 남긴 말이다. 그 목사는 교회 문제로 마음고생을 많이 했는데, 그래서인지 회한이 깊었던 모양이다. 그 목사뿐이겠는가. 우리도 그럴싸한 가면을 쓰고 사느라 평생 분요한 삶을 살다가 마지막에 이렇게 자책하고 아쉬워할지 모를 일이다.

영특하고 재능이 뛰어나며 지식과 업적이 많은 사람일수록, 스스로를 멋지게 포장하는 능력도 음흉할 정도로 탁월해진다. 이들은 참인지 거짓인지 분별하기 힘들 정도로 완벽하게 쇼를 연출할 수 있다. 흔히 목사는 멋들어진 설교로 이런 쇼를 하고, 석학으로 추앙받는 신학자 혹은 철학자는 지식과 잔머리로 사람들을 홀린다. 이런 속임수가 통하는 것은 한국 교회가 피상성에 함몰되어 있다는 방증이기도 하다.

나는 내게서도 이런 모습을 지겹게 봐 왔다. 헛된 영

광을 탐하며 가면을 쓴 채 어릿광대짓을 하는 이들을 통해 하나님 나라가 진전될 턱이 없다. 세상이 환호하는 쇼와 명성, 성공은 하나님 나라에서는 불살라질 지푸라기에 불과하다. 그 누구도 가면을 쓰고 그 나라에 들어가 주님을 만날 수는 없다.

다행히도 여전히 포장술에 서툰 순진한 이들이 많다. 이들이 비록 무대 위에서는 각광받지 못할지라도 하나님 나라는 이런 사람들의 것이다. 우리에게 주님의 얼굴빛이 비치면 우리는 어릿광대짓을 그치고 참된 얼굴을 찾을 수 있다. 2015.05.15

출셋길 막는 페이스북

한 페이스북 친구가 페이스북 담벼락에 이런 글을 올렸다. "담임목사 지원을 하려는 사람들은 저보다 어리거나 제 연배거나 상관없이 모두 철저히 온라인 자기 관리를 한다는 사실을 발견했습니다. 불리하게 꼬투리 잡힐 만한 내용이 인터넷 어느 곳에서도 발견되지 않게 하려고 어떤 이는 아예 비밀모드로 인터넷 검색을 한다고도 합니다. 또 페이스북 등에서도 자신의 의견을 드러내지 않고 숨어서 조용히 보기만 한다고 합니다."

최근 페이스북에 올린 글 때문에 고초를 겪은 사람으로서 이런 행동은 이해할 만하다. 페이스북에서 몸을 사리지 않으면 앞길이 막힐 수 있다. 그래서인지 페이스북이 진심끼리 통하는 장이 아니라 자신을 광고하는 수단으로 이용하거나 신변잡기나 늘어놓는 낙서장으로 변해 가는 것 같다.

페이스북이 혼란과 단절, 불통의 사회에서 짓눌린 답답한 심정을 토로하고 서로의 마음과 마음을 이어 주는 인간다운 소통의 장이 되기를 바라는 것은 너무 순진하고 어리숙한 생각일까? 앞길이 창창한 이들은 페이스북 활동 때문에 발목이 잡히지 않도록 조심하겠지만, 이제 별 볼 일 없는 나는 이전처럼 내 길을 갈 것이다. 2015.05.22

죽음을 살아 있게 하라

장인어른이 계속 중환자실에 계신다. 의식이 거의 없으시다. 회복되면 좋겠는데 그럴 가능성은 적어 보인다. 마음의 준비를 해야 할 것 같다. 3주 전 미국에 머물 때 장인어른이 위독하시다는 소식을 듣고 당장 귀국할 수 없는 상황인지라 페이스북 친구들에게 기도를 요청했는데 그 덕분인지 장인께서 우리가 올 때까지 잘 버텨 주신 것 같다.

아직 누군가를 기다리시는 것 같기도 하다. 어릴 때 장인어른 손에서 자라 애정이 남다른 미국에 있는 아들에게어서 한국으로 오라고 했다. 도둑맞은 여권을 다시 발급받느라 출국이 늦어지는 모양인데, 그 손자를 기다리시는 걸까?

중환자실을 자주 방문하다 보니, 임종을 앞둔 이들을 보게 된다. 그래서 분주한 삶 속에 묻어 두었던 나의 죽음을 꺼내 들여다본다. 사람들은 죽음을 최대한 망각의 세계에 묻어 두고 살아간다. 그러나 철학자 하이데거$^{Martin\ Heidegger}$의 말대로 우리 실존의 가장 확실한 특성은 죽음이다. 우리는 죽어 가는 인생이다. 우리는 죽음을 매일 선험하며 산다.

한편 칼뱅$^{Jean\ Calvin}$의 말대로 죽음과 내세를 매일 묵상해야 제대로 된 인생을 살 수 있다. 죽음을 망우리 공동묘지처럼 삶에서 최대한 멀리 떨어진 곳으로 유배시키려 할 때 오히려 죽음에 포위당한다. 덧없는 것에 욕심이 나 껄떡거리며 이생에 연연하는 비루한 인생을 살게 된다. 또한 이 땅의 삶이 전부가 아니고, 죽음 후에 영원한 운명이 갈리는 심판이 있다는 엄중한 사실을 망각하며 살게 된다. 죽음이 우리 삶 속에 항상 살아 있게 해야 한다. 그래야 하루를 살더라도 인간답게 살 수 있다. 2015.05.26

설교단에서 사고 치다

나는 내가 한 설교를 거의 듣지 않는다. 설교의 허점과 실수만 귀에 들어오기 때문이다. 내가 설교한 것을 듣고 한 번도 만족해 본 적이 없다. 늘 속상했을 뿐이다. 언젠가 내 설교를 듣고 흡족해할 날이 올까? 아쉽지만 그런 날을 이 땅에서는 맞이하지 못할 것 같다. 만약 그런 날이 온다면 나의 설교 사역은 끝날 것이다. 더 이상의 발전이 없을 테니까. 다만 조금이라도 실망은 줄고 만족은 커지는 날이 오기를 바랄 뿐이다.

목사는 모니터링을 위해서라도 어쩔 수 없이 자기가 한 설교를 들어야 한다. 일요일에 한 설교를 들었다. 이번에도 여지없이 말실수한 것을 포착했다. 모든 것을 "음산하고" 비관적인 시각으로 바라본다고 말해야 했는데 '음산하고'를 '음란하고'라고 말해 버린 것이다. 설교를 열심히 준비하여 토씨 하나 빠짐없이 설교문을 작성하고 그 내용을 완전히 숙지하기 위해 수없이 읽었는데도 그런 실수를 범했다.

그래도 이 정도 실수는 약과다. 한번은 어떤 교회에서 설교하고 돌아오는 길에 아내가 '당신 말실수한 것 아느냐'고 물었다. 뭐냐고 물으니 "진주를 돼지에게 던지지 말라"는 말을 "돼지를 진주에게 던지지 말라"고 했다는 것이다. 참으로 황당했다. 왜 그런 실수를 그 순간에는 전혀 감지하지 못했을까? 그 순간 몇몇 교인들이 웃기에 나는 심각하게 말하는데 저들은 왜 웃는지 의아해한 기억만 난다. 이런 실수도 빙그레 웃어 주며 핵심 메시지에 귀를 기울여 주는 선한 교인들에게 감사할 뿐이다.

설교자는 뛰어난 웅변가나 말쟁이가 아니다. 언변이 평범함에도 설교 사역에 부름받은 이들이 많다. 이들은 자신에게 주어진 하나님의 비밀과 말씀을 자신의 보잘것없는 언어적 재능으로 담아내 표현하기가 너무도 벅차고 버거워 몸부림친다. 탄식하며 기도한다. 자신의 부족한 수고에도 불구하고 오병이어의 기적처럼 그것을 통해 말씀이 놀랍게 역사하기를 기대하면서 겸허하게 말씀 사역의 시중을 든다.

그러고 보면 요즘은 말만 번드르르한 이들에게 사람들은 질려한다. 매끄럽고 유창한 말쟁이의 말보다 좀 투박해도 진실이 배어 나오는 말이 사람들의 영혼에 깊이 스며드는 법이기 때문이다. 2015.06.02

신앙 위에 있는 정치

나라가 말 그대로 난국이다. 이 정권에 대해 할 말이 많지만, 목사라서 입을 닫아야 할 때가 많다. 교인들 사이에서도 정치 이야기가 나오면 의견이 극명하게 갈리기 때문이다. 부자지간, 형제지간에도 정치적 의견이 달라 의가 상한다. 누구를 지지하느냐에 따라 좌우로 전선이 구축되어 분위기가 살벌해진다.

특정 정권을 맹신적으로 지지하는 자들은 분별력과 판단력을 잃어버린 채, 국가가 기본 역할조차 못할 정도로 무능하다는 사실이 드러나도 무조건 감싸고돈다. 그러나 내가 지지하는 정권이 그릇된 길로 가면 비판할 줄 아는 것이 올바른 시민의식의 표출이자, 신앙인의 자세다.

정부에 대해 비판하지 말고 기도만 하라고 하는 사람들이 있다. 문제를 제대로 인식해야 기도할 수 있지 않겠는가. 그리스도인은 어떤 나라나 정권이 아니라 하나님 나라와 그분의 주권을 절대적으로 지지하고 따르는 사람으로서, 그에 합당한 기준으로 문제를 인식하고 기도해야 한다. 2015.06.26

화 있을진저!

교회는 항상 개혁되어야 한다는 종교개혁의 원리는 개혁의 주체가 되는 개혁자 자신에게 먼저 적용되어야 한다. 개혁자 자신이 항상 개혁되지 않으면 교회를 새롭게 하기보다 오히려 해롭게 할 수 있다. 한국 교회 문제는 분별력과 비판 의식이 없는 이들이 많은 데 있지만은 않다. 교회의 문제점을 날카롭게 비판하며 개혁의 목소리를 높이는 이들 때문에 그렇지 않아도 상처투성이의 교회가 더 처참하게 망가지는 경우가 많다. 개혁교회가 개혁적인 사람들 때문에 깨진다는 것은 참 아이러니한 일이다. 개혁자들이 우선적인 개혁의 대상이다. 입바른 소리는 누구나 할 수 있다. 나를 비롯해서 선지자 노릇하는 이들은 너무 많다. 그러나 진정한 선지자는 보이지 않는다.

사랑과 용서를 들먹이며 비판과 개혁을 거부하는 것도 문제지만, 깊은 사랑과 긍휼 없이 개혁의 칼을 휘두르는 것도 무서운 일이다. 악을 행하는 사람만 문제가 아니라 악을 정의의 이름으로 처단하려는 이들 안에 도사리고 있는 은밀한 악랄함과 교만 또한 마귀적이다. 사랑과 정의라는 이름으로 얄팍하게 회칠한 무덤 안에는 무서운 폭력성과 비정함이 감추어져 있다. 잘못한 자들을 회개와 회복으로 이끌기보다 오히려 그들을 파괴하여 매장시키는 비판과 정죄가 사회와 교회에 난무하다. 그것을 사랑과 정의라는 이름으로 자행한다. 주님이 분노할 대상들은 타락한 교회 지도자만이 아닐 것이다. 소위 개혁자라는 이들에게도 화가 있을 거라고 말씀하실지 모른다.

개혁자야말로 성령의 사람이어야 한다. 성령 안에서 항상 개혁되는 이, 예수의 마음을 품고 개혁을 위해 힘쓰는 이가 되어야 한다. 날카로운 비판 의식과 함께 온유함과 긍휼로 가득한 마음이 성령이 주시는 주님의 심정일 것이다. 진정한 개혁자는 개혁과 정의의 이름으로 비판의 칼을 함부로 휘둘러 사람들을 상하게 하는 이가 아니라, 범죄를 저지른 이들을 살리기 위해 자신이 그 죄의 짐과 결과를 함께 지고 희생할 각오가 된 사람이다. 자신을 희생시켜 남을 살리는 사람이다. 이것이 십자가의 주님을 따르는 개혁자의 모습이다.

이 글은 그동안 선지자 노릇해 온 나 자신에 대한 비판의 글이다. 날카로움과 부드러움, 사랑과 정의, 의분과 긍휼을 겸비한 진정한 개혁자로 거듭나기를 소원하며…. 2015.07.06

외모 지상주의

언젠가 미스코리아 선발대회에서 최종 후보로 선정된 20명의 얼굴이 모두 비슷하게 성형한 얼굴이라고 외국 언론에서 지적해 화제가 된 적이 있다. 기사에 사진이 실린 20명의 얼굴은 내 눈에도 비교가 힘들 정도로 비슷해 보였다.

그런 대회에 나오는 사람뿐 아니라 텔레비전에 나오는 사람들, 거리에서 스쳐 지나가는 이들의 얼굴도 점점 누가 누구인지 분간하기 힘들 정도로 비슷해지고 있다. 한국의 성형 기술은 실로 대단하다.

예전에는 성형수술을 하는 사람이 예외적이었는데, 이제는 한 군데쯤 고치지 않는 사람이 드문 것 같다. 아름다움을 추구하는 것이 무엇이 잘못이겠는가. 성형수술을 무조건 죄악시할 필요도 없고, 성형수술의 유익도 무시할 수 없음이 분명하다. 외모 콤플렉스에 시달리는 이들에게 성형은 다른 어떤 대안보다 치유의 능력이 있다.

그러나 온 사회가 겉으로 보이는 미에 몰두하는 것은 복합적 병폐를 드러내는 단면이다. 특히, 우리 사회에는 외모 차별이 엄연히 존재한다. 여성의 경우 취업을 할 때 외모가 큰 비중을 차지한다. 이런 사회악적 차별을 암암리에 당하면서도 항의하기 힘든 구조다. 게다가 대중매체가 외모 차별을 부추기는 데 일역을 담당하고 있다. 방송사는 아나운서는 물론이고 기상캐스터까지 외모가 뛰어난 사람만 세운다. 물론 방송사만 탓할 수는 없을 것이다. 칠순이 넘은 노인도 뉴스를 보다가 여자 아나운서가 예쁘지 않으면 채널을 돌려 버린다고 하지 않는가.

미국에 살 때, 현대인들의 기준에 비춰 볼 때 외모가 뛰어나지 않은 동양인 아나운서가 일기예보를 하는 것을 보고 퍽이나 인상 깊었다. 게다가 그 아나운서는 임산부였다. 미국 드라마에 등장하는 배우들의 외모 수준이 서구인들의 평균 수준과 다르지 않은 경우도 상당히 많다. 반면 우리나라 드라마에 등장하는 배우들은 외모가 특출하다. 대부분 성형수술까지 해서 도저히 범접할 수 없는 여신 수준이다. 시청자들은 오늘도 환상과 허영의 바람을 타고 성형이라는 험난한 여정에 나서고 있다. 시청률에 민감할 수밖에 없는 게 방송사의 현실이긴 하지만, 대중매체가 외모 지상주의를 타파하는 문화를 선도할 수는 없을까? 2015.07.13

교회의 빈익빈 부익부

창립한 지 10년 된 어떤 교회가 매년 교인이 천 명씩 늘었다고 한다. 매년 수천 명씩 느는 교회도 있다고 한다. 이런 소식을 들으면 기쁘기보다 좀 씁쓸하다. 교인 수가 적은 교회를 섬기는 이로서 상대적 박탈감을 느껴서일까? 솔직히 그런 이유도 없지 않을 것이다. 실제로 나는 10년 동안 작은 교회의 설움을 뼛속 깊이 체감하였다.

가뭄에 콩 나듯 어쩌다 새 교인 한 명이라도 오면 얼마나 기쁜지 모른다. 반대로 교인 한 명이라도 교회를 떠나면 가슴이 너무 아프다. 오랫동안 수적 성장을 경험하지 못한 교회를 섬겨 본 사람만이 이런 마음을 알 것이다. 그런데 이것이 한국 교회의 80퍼센트 이상이 처한 엄연한 현실이다.

작은 교회 목사는 아프다. 교인들이 늘지 않는 이유가 자신이 부족한 탓이라고 생각하기 때문이다. 실제로 그렇게 생각하는 주변의 따가운 시선도 존재한다. 교인 한 명으로 인해 희비가 엇갈리는 작은 교회의 옹색함과 1년에 천 명씩 몰려드는 큰 교회의 도도함, 그 속에서 자본주의사회의 빈익빈 부익부보다 더 심한 양극화를 보는 듯하다.

특정한 교회로 교인이 몰리는 현상은 갈 만한 교회가

없다는 방증이라고 한다. 그러나 참신하고 의식 있고 설교까지 잘한다고 알려진 스타 목사를 중심으로 대형교회를 이루는 것은 결코 건강한 현상이 아니다. 교회는 하나님의 가족 공동체다. 몇만 명이 모여 이루어진 집단 속에서 어떻게 친밀한 성도의 교제와 섬김을 통해 하나님의 가족애를 체험할 수 있겠는가. 교회가 대형화되면 여러 큰일은 할 수 있겠지만 교회의 본질은 구현하기 힘들어진다.

한국 교회는 하나님 나라의 공동체, 성령의 공동체로 거듭나야 한다. 조금만 관심을 가지고 찾아보면 이런 의식을 가지고 목회하는 이들, 순수하고 참신하며 실력 있는 이들을 어렵지 않게 만날 수 있다. 대형교회에서 누릴 수 있는 화려한 생활을 포기하고 열악하고 별 볼 일 없는 사람들과 부대끼면서 건강한 교회를 세우는 수고와 고난에 동참할 의향만 있다면 말이다. 2015.07.17

가나안 교인들의 귀환

교회를 떠나는 가나안 교인이 급증하고 있다. 참으로 안타까운 일이다. 성경적으로 교회와 유리된 신자의 삶이란 있을 수 없다. 그리스도와의 연합은 그리스도의 몸인 교회와의 연합을 뜻한다. 팔과 다리가 몸통에 붙어 있지 않고 머리와 연결될 수 없듯이 신자가 그리스도의 몸인 교회의 일원으로 붙어 있지 않으면 머리이신 그리스도와 연결될 수 없다.

바울 사도의 가르침에 따르면, 그리스도 안에 있다는 것은 그리스도의 몸 안에 있음을 뜻한다(Being in Christ means being in the body of Christ). 동시에 성령 안에 있다는 것은 성령의 전인 교회 안에 있음을 의미한다(To be in the Spirit is to be in the temple of the Spirit). 바울의 가르침에서 교회와 분리된 신자의 삶이란 존재하지 않는다. 이것이 초대교회에서부터 개혁교회까지 이어져 온 전통적 신앙관이다.

초대교회를 대표하는 교부 아우구스티누스^{Augustinus}는 태아가 모태를 떠나 생존할 수 없듯이 신자는 교회를 떠나 존재할 수 없다고 했다. 개혁교회의 창시자라고 할 수 있는 칼뱅도 신자는 교회라는 어머니의 자궁에서 태어나고 그 품에서 젖을 빨며 양육된다고 했다.

그러므로 교회를 안 나가고도 신자로 산다는 것이 정상적인 신앙은 아니다. 그렇다고 가나안 교인만 비난할 수는 없다. 과연 교회가 그리스도 안에서 풍성한 생명을 누리도록 교인들을 양육하는 영적 어머니 역할을 해 왔는가? 교회가 형식과 외식으로 화석화되어 부활하신 그리스도의 생명이 약동하는 그리스도의 몸이 아니라 그리스도의 무덤으로 변해 가고 있는 것은 아닌가? 그래서 가나안 교인들이 자신들 안에 희미하게 남아 있는 생명이나마 부지하려고 영적으로 질식할 것 같은 교회를 탈출하는 것은 아닌가? 교회와 목사를 위시한 교인들의 자성이 필요하다.

한국 교회가 온유하신 성령을 너무도 오래 거스르고 근심케 하여 성령이 교회를 떠날 수밖에 없는 지경까지 이른 것은 아닌지 염려된다. 아마 예수님과 성령도 가나안 교인들과 함께 기존 교회를 떠나실지 모른다. 그러니 가나안 교인들은 교회를 떠난 것이 아니라 타락한 교회를 떠나 참된 교회를 찾고 있는 일종의 순례자들일 수 있다. 성령께서 부디 그들을 인도하사 교회로 귀환시킬 날이 오기를 고대한다. 그러기 위해서는 교회가 속히 교회다워져야 한다. 2015.07.21

진정한 고수

며칠 전 현대바둑 70주년 기념대국에서 바둑의 전설이라고 불리는 조치훈과 조훈현이 대결했다. 조훈현 씨는 나의 고종사촌이다. 나보다 한 살 위인 형은 어려서 일본으로 건

너갔고 한국에 돌아와 활약할 때 나는 미국에 이민 가 있었다. 내가 한국에 돌아와 살 때도 서로 바빠서 몇 번밖에 만난 적 없는 서먹한 사이다.

형과 나는 인상이 조금 비슷하다는 말을 듣는 것 외에는 아주 다르다. 그는 기사고 나는 목사다. 그는 바둑의 고수지만 나는 바둑이라면 오목밖에 모르는 최하수다. 나는 그리스도인이고 그는 아니다.

서로 다르지만 형에게 배울 점이 많다고 느낀다. 오래전 형의 집을 방문했을 때 어린 제자를 아들처럼 키우며 가르치는 것을 보았다. 그 제자가 스승을 딛고 우뚝 선 이창호 기사다. 자신을 밟고 일어서도록 제자에게 어깨를 내주고 자신은 기꺼이 물러서는 대인배의 모습을 그에게서 보았다. 그는 바둑의 유산을 전수하기 위해 자기를 부정했는데 나는 신앙의 유산을 전수하기 위해 나를 부인할 수 있을까? 2015.08.01

고수들의 특징

지난주에 열린 조치훈과 조훈현의 바둑 대국에서 조치훈이 시간패로 아쉽게 졌다. 그러나 그는 패배한 후에 오히려 더 고수다운 모습을 보여 화제가 되었다. 예전에는 패하면 전혀 웃지 않고 말 걸기조차 힘들었는데 이번에는 지고도 활짝 웃는 모습을 보였다고 한다. 그래서 기자가 '이전과는 달라졌다'고 하니 그는 '바둑이 약해지니 사람이 훌륭해지는 것 같다'고 답했다. 또 '지금도 바둑을 공부하느냐'는 질문에 '젊을 때보다 더 열심히 공부한다'고 대답했다. 바둑의 신이라고 불릴 정도로 바둑계에서 지존의 자리를 지키는 사람인데도 자기 발전을 위해 끊임없이 노력하는 모습은 우리에게 큰 도전이 된다. 이것이 진정한 고수의 모습 아니겠는가.

고수들의 한결같은 특징 중 하나는, 자신이 추구하는 바를 아직 이루지 못했다고 생각한다는 점이다. 어떤 예술가가 어느 날 처음으로 자신의 작품에 스스로 만족해하는 자신을 발견하고 예술가로서의 생명은 끝났다고 탄식했다고 한다. 고수가 빠질 수 있는 치명적인 유혹은 쉽게 만족해 버리는 것이다. 목표에 도달했다고 생각하는 순간 그는 끝이다. 더 이상 추구할 목표가 사라지기 때문이다. 그런 사람에게서는 발전을 기대하기 힘들다.

이와 비슷하게 신앙생활의 최대 적도 그릇된 만족이다. 어떤 이들은 세상 것에는 웬만해서는 만족하지 못하면서 하나님에 대해서는 너무 쉽게 만족해 버린다. 낮은 영적 수준에 안주하려고 한다. 바울과 같은 영적 고수의 특징은 아직

완전에 이르지 못했다는 깊은 인식과 함께 완전에 이르려는 강렬한 열망이 공존한다는 점이다. 이 둘이 맞물려서 상승작용을 일으킨다. 아직 목표에 도달하지 못했다는 의식이 목표를 향한 끊임없는 추구와 열망을 불러일으킨다. 2015.08.04

갑질하는 목사

어느 젊은 목사를 만났다. 그는 사회에서 잘 나가던 직장인이었는데 뒤늦게 신학을 공부하고 교회 부목사로 사역을 하고 있다. 그가 일하는 교회는 재정적 여유가 있음에도 그가 받는 사례는 최저임금 수준이다. 새벽기도회부터 시작해서 어떤 날은 밤늦게까지 정신없이 뛰어다니며 일을 하는데도 그렇다.

할 수만 있다면 자비량으로 해도 아깝지 않은 가치 있는 일이 교회 사역이다. 몸이 힘들고 경제적으로 궁핍해도 주의 일을 한다는 보람을 느끼며 만족할 수 있다면 그깟 어려움이야 얼마든지 감수할 수 있을 것이다. 주를 위해 어떤 고난이라도 받을 각오를 하고 나서지 않았는가.

그러나 그는 다름 아닌 담임목사의 갑질과 일부 교인

들의 무례함에 시달려 몸도 마음도 지쳐 버렸다. 반듯하고 예의 바르며 능력도 뛰어난 사람이 부목사 생활 몇 년 만에 겉모습은 물론이고 내면까지 폭삭 삭아 버린 것 같아 안쓰러웠다. 이 길로 들어서지 않았으면 세상적으로 잘나갔을 텐데 목사 돼서 망했다. 그러나 목사 돼서 성공하는 것보다 망해야 제대로 목사의 길을 가는 것일 거다. 2015.08.06

목사를 탐한 목사

젊은 날 나는 대설교자가 되고 싶었다. 그리고 나만큼 깊이 있는 설교를 잘하는 사람은 없다는 엄청난 착각 속에 빠지기도 했다. 야망이 크면 거기에 비례해서 독한 경쟁심도 커지는 모양이다. 교회 부목사로 사역할 때 있었던 일이다. 다른 부목사가 설교할 때 교인들이 은혜를 받으면 받을수록 은혜가 떨어지는 한 사람이 있었다. 바로 나였다. 나에게 와야 할 박수갈채를 가로채는 경쟁자에 대한 시기심이 내 안에서 불타올랐던 것이다. 그때 나는 내 안에서 작은 지옥을 체험했다. 이런 시기와 경쟁심은 그림자처럼 나를 오래 따라다녔다. 교수 사역을 하면서도 나보다 강의를 더 잘해서 인기를 끄는 교수를 보면 속이 별로 편치 못했다. 물론 혹시라도 그런 밴댕이 소가지를 들킬까 봐 완벽하게 포장했지만 말이다.

그래도 세월이 약인가 보다. 요즘은 나보다 강의와 설교가 뛰어난 이들을 봐도 아무렇지도 않다. 젊은 목사들이 설교를 잘하는 것을 보면 오히려 기분이 좋다. 나는 이제 야망을 성취할 가망이 없어서 자포자기해서일까, 아니면 야망이 한풀 꺾인 것일까? 어쨌든 이렇게 되니 마음은 더 편하다. 조금이나마 자유로워진 것 같다. 모든 것이 주님의 긍휼이다.

해방과 성화의 길은 무척이나 더디다. 지금까지 주위의 목사나 교수들 중에 나만큼 야심과 시기심의 포로로 산 한심하고 가련한 존재는 없었던 것 같다. 아이러니하게도 성령의 은혜가 가장 부족한 이가 성령론을 전공하고, 성화가 가장 안 된 이가 성화론을 탐구했다. 이것도 주님의 자비로운 섭리인가 보다. 2015.08.18

전쟁 위기

전쟁의 불안을 늘 끌어안고 살고 있어서인지, 다들 위기를 의식하는 감각이 무딘 것 같다. 북한이 대북 확성기 철거를 요구한 시한인 오늘, 한반도에 군사적 긴장이 감돌고 있다. 이번에도 별일 없이 넘어가리라 막연하게 기대하지만 뭔가 찝찝하고 불안하다. 정부의 위기관리 능력을 신뢰할 수 없기에 더욱 그렇다. 전쟁 위험에 대처하는 정치인들의 생각과 자세가 너무 무책임하고 단선적인 것 같다. 이럴 때야말로 탁월한 지략가가 필요한데 말이다.

전쟁에 대해 너무 쉽게들 말하는데 국지전이라도 발생하면 애매하게 피해를 입는 이들은 국민들이다. 전면전이 일어나도 피신처에서 끝까지 살아남을 자들은 전쟁을 한 판의 장기처럼 쉽게 얘기하는 정치인들이다. 이 땅을 지키는 이들은 그런 정치인이 아니라 신의 가호를 비는 국민이다.

특별히 지금은 그리스도인들이 이 땅의 평화를 위해 두 손을 모아야 한다. 전쟁은 하나님께 속한 것이니. 2015.08.22

겸손이란

스스로 겸손하지 않다고 생각하는 것이 겸손한 사람의 특징이다. 스스로 겸손하다고 생각하는 순간 그는 괴물이 된다. 그러나 겸손하지 않다고 생각한다고 해서 모두 겸손한 것은 아니다. 실제로 겸손하지 않으면서 겸손하지 않다고 호들갑을 떠는 것보다 더 보기 싫은 꼴불견은 없다. 누가 봐도 겸손한 사람이 자신이 그렇지 않다고 하는 것이 지극히 정상이다. 2015.09.04

영화에서 얻은 통찰

'두려움'을 주제로 한 설교를 많이 들었고 나도 많이 했다. 가장 보편적인 주장은 하나님에 대한 두려움이 다른 모든 두려움을 몰아낸다는 것이다. 이 주장에 따르면 하나님을 신뢰하는 것이 두려움을 이기는 비결이다. 설교자들은 '두려움을 피하지 말고 믿음으로 마주해야 한다', '두려움이 문을 두드릴 때 믿음으로 문을 열면 아무것도 없음을 발견할 것이다', '두려움은 실체가 없는 허상일 뿐이다'와 같은 이야기를 한다.

모두 맞는 이야기다. 문제는 실제로 두려움에 사로잡혀 고통받는 가련한 존재들에게는 그 반듯한 정답이 도움이 되지 않는다는 사실이다. 두려움을 이기는 어느 해법도 그들에게는 통하지 않는다. 두려워하지 않으려 하면 더 두려워진다. 두려움은 그것을 극복하려는 모든 노력을 삼켜 버리는 괴력을 지니고 있기 때문이다.

　나는 영화의 한 장면에서 설교보다 더 실제적인 도움을 얻었다. 영화 〈명량〉에서 이순신 장군이 이렇게 말한다. "두려움을 용기로 바꿀 수만 있다면 그 용기는 백배 천배 큰 용기로 배가 되어 나타날 것이다." 그 말을 들은 아들이 되묻는다. "극한 두려움에 빠져 있는 이들에게 그것이 어떻게 가능하겠습니까?" 이순신 장군의 대답이 의미심장하다. "죽어야지, 내가."

　이순신 장군이 실제로 그렇게 말을 했는지는 모르겠으나, 나는 이 대사를 통해 두려움에 대해 성경적으로 재해석할 수 있는 통찰을 얻었다.

　우리를 괴롭히는 두려움을 이용할 수 있을까? 어떻게 극한 두려움에 사로잡혀 있는 이들에게 그것이 가능할까? 두려움을 극복하려고 바둥대기보다 거기에 압도당해 질식하면 된다. 숨을 턱턱 막히게 하는 두려움과 공포는 우리의 자만심을 산산이 부수고 우리를 하나님 앞에 꼬꾸라지게 한다. 엄청난 두려움을 느끼는 순간 우리의 모든 가식과 허세와 교만이 사라지고 우리 마음은 한없이 낮아지고 절박해지며 진실해진다. 인간이 공포에 질릴 때 가장 고결해진다는 말처럼, 자신감 넘치는 도도한 모습보다 겁에 질린 나머지 두려워 떠는 가련한 모습이 하나님이 보시기에는 더 귀하다. 극한의 두려움이 우리를 하나님께 데려간다. 어린아이처럼 하나님 품 안에 파고들게 한다. 두려움을 이기는 길은 두려움 속에서 교만한 내가 죽고 주님만을 의지하는 겸손하고 연약한 자로 거듭나는 것이다. 2015.09.08

교황의
한 수

"약삭빠르고 체계적으로, 쇼맨십까지 갖춰서 그가 지구 대통령이 되려 함을 보여 주었다." 미국 허핑턴포스트Huffington Post 편집인 하워드 파인만Howard Fineman이 자신의 블로그에 프란치스코 교황Pope Francis에 대해 쓴 글이다. 세계 대통령이라는 직책도 없고 교황이 그런 의사를 발표한 적도 없지만 그가 미치는 영향력과 은밀하지만 야심 찬 행보가 마치 그렇게 보인다는 것이다.

현재 미국을 방문 중인 교황의 인기는 대단하다. 교황 제도가 가톨릭의 교세와 영향력을 전 세계로 파급하는 데 지대한 역할을 한다는 것을 실감하게 한다. 가톨릭은 교황 제도라는 시스템을 통해 지상에서 신적 대리자 역할을 하는 형상을 원하는 대중의 마음을 사로잡고, 가톨릭의 영향력을 온 세계에 행사하는 데 있어 부러울 정도로 성공적이다.

프란치스코 교황처럼 직분에 걸맞게 잘 처신하면 교황 제도가 목적하는 바가 백분 성취되는 셈이다. 그런 면에서 프란치스코는 교황으로서 임무 수행을 탁월하게 하고 있다. 그는 대중의 마음을 얻을 줄 안다. 작은 차를 타고, 화려한 만찬 대신 노숙자와 식사를 하며, 가난하고 소외된 자의 편에서 자본주의의 착취와 모순을 질타함으로써 정의와 청빈과 자비의 사제라는 이미지를 심어 주었다. 이것이 그의 진정한 인품에서 우러난 행동인지 고단수 쇼맨십인지는 우리가 판단할 일이 아니다.

비록 그의 행보에 쇼맨십이 어느 정도 작용했을지라도 그런 행보는 가치 있으며, 아무나 그런 행보를 보일 수도 없다. 작은 불편(작은 차를 타고 노숙자와 식사하는 등)을 감수함으로써 훨씬 더 큰 영광과 존경을 유도할 줄 아는 영특함을 지닌 사람만이 그런 쇼맨십도 발휘할 수 있다. 물론 교황의 경우 몸에 밴 청빈이 자연스럽게 나타났을 것이다.

개신교의 유명한 목사 중에 그 정도의 쇼맨십이라도 보여 줄 사람이 있을까? 오히려 대형교회 목사가 수억짜리 스포츠카를 타고 다니는 등 돈을 밝히다가 목사의 명예를 땅에 떨어뜨리고 한국 교회의 위상을 실추시킨 사례가 먼저 생각난다. 개신교를 대표하는 듯한 행세를 하려는 이들은 교황에게 한 수 배워야 한다. 더 이상 개신교를 욕 먹이지 말고 이미지 개선에 기여하기 바란다. 2015.09.28

혼자만 충만한 것도 문제

성령은 개인 인격 안에 역사하신다. 성령은 또한 당신의 백성들을 연대적으로 다루신다. 성경과 교회 역사 속에서 볼 수 있듯이 성령은 시대에 따라 그분의 영광과 능력을 나타내시기도 하고 거둬 가시기도 한다. 영적으로 어둡고 피폐한 시기가 있었던 반면, 영적 회복과 부흥이 임하는 시대가 있었다. 어떤 경우에는 주님이 그 시대의 교회와 하나님 백성 전체 위에 그 얼굴을 가리신다. 그래서 모두가 영적 어두움과 곤고함을 맛보는 연대 기합을 받게 하신다. 하나님의 뜻대로 사는 경건한 무리들마저 영적 피폐함 속에서 신음하며 자신을 향해 얼굴을 가리시는 주님을 찾게 하신다. 과거 선지자들이 그랬다.

우리 시대 영적 상황도 어둡다. 성령이 한국 교회를 보며 심히 슬퍼하고 탄식하며 그 영광을 거두고 계신 듯하다. 이러한 때에 성령 충만한 사람이라면 성령과 함께 슬퍼하고 탄식할 것이다. 그런데 시대의 영적 곤고함에서 혼자만 초월한 듯이, 영적 풍성함을 누리는 것처럼 신바람 나는 사역을 하는 이들이 있다. 물론 영적으로 피폐한 때에도 예외는 존재할 수 있지만 보통 이런 개인주의적 영성에는 시대 상황을 전체적으로 진단할 수 있는 분별력과 연대 의식이 결여되어 있다. 혼자만 충만함을 누리는 이들은 상대적으로 교회가 당하고 있는 영적 곤고함과 어두움을 깊이 체감하지 못한다. 그런 이들은 이 시대를 변혁시키는 지도자가 되기 힘들다.

영적 속박과 메마름을 절절히 체험한 사람만이 교회가 겪고 있는 아픔을 깊이 통감하며 이 시대를 향해 얼굴을 가리시는 주님을 간절히 찾게 된다. 그래서 영적 회복과 부흥의 시기에 주님이 사용하시는 사람들은 대개 시대의 어두움과 황폐함을 뼈저리게 맛본 사람들이다. 하나님의 백성과 함께 연대 기합을 받으며 쓰라린 영적 포로기를 거쳐 온 사람들이다.

영적 속박 속에서 처절하게 신음하며 해방의 은혜를 오래도록 갈망해 온 사람만이 하나님의 교회를 죄와 세상의 포로 됨에서 해방하는 용사가 될 수 있다. 그러니 영적 메마름을 경험하며 성령의 탄식과 신음을 느끼고 있을지라도 너무 낙심하지 말고 힘을 내시라. 2015.10.06

개혁주의를 해치는 개혁주의자들

종교개혁자 칼뱅의 신학은 철저한 자기 부인과 회개의 영성에 깊이 뿌리내린 신학이다. 하나님 앞에 자신을 철저히 낮추고 부인하며 애통하고 겸허한 심령으로 하나님의 계시를 절대적으로 의존하는 신학이다. 이렇게 자신을 개혁하는 정신에 사로잡힌 사람이 진정한 종교개혁의 후예들이다. 오늘날 개혁주의를 따른다고 표방하는 이들에게서 이런 자기 부인과 개혁의 정신이 살아 약동하는 모습을 좀처럼 보기 힘들다. 개혁자들의 신학이 죽은 문자가 되어 공허하게 메아리칠 뿐이다.

개혁신학에 일가를 이룬 것처럼 박식함을 뽐내는 이들은 무수하다. 그런데 자기 부인의 기초 위에 세워진 개혁신학이 자신의 영광을 구하고 자신을 과시하려는 욕망의 도구로 교묘히 이용되는 경우가 많다. 특히 개혁주의라는 명분 하에 편협한 사고에 사로잡혀 특출한 개혁 정신을 가진 소수정예라도 되는 듯이 다른 이들과 차별화하며, 다른 이들을 쉽게 정죄하고 비판하는 데 능한 사람들이 있다. 이런 이들은 사실 열등감과 왜곡된 인정 욕구의 치유가 절실히 필요한 사람들이다. 이런 자들 때문에 개혁주의가 얄팍한 지식, 교만과 독선으로 똘똘 뭉쳐 병든 자아에 갇혀 있는 집단으로 오해받곤 한다.

개혁신학을 운운하기 전에 참된 인간, 참된 그리스도인이 되어야 한다. 개혁주의는 진리로 지적 교만과 허영, 자기중심성에서 자유롭게 하여 우리를 자기 부인과 겸손, 온유로 가득한 아름다운 인간이 되게 하는 사상이자 운동이다. 2015.10.09

어른이 된다는 것

어른이 된다는 건 상처받았다는 입장에서 상처 주었다는 입장으로 가는 것. 상처를 준 걸 알아챌 때 우리는 비로소 어른이 된다.

어제 페이스북 친구가 포스팅한 노희경 작가의 글을 읽었다. 참 멋진 글이다. 그러나 실제 우리 사회에 그런 어른이 얼마나 존재할까? 우리는 과연 그런 어른이 될 수 있을까? 오히려 나이가 들수록 어른 됨에서 멀어지는 것 같다.

상처받은 것은 뇌리에 철필로 새기지만, 상처 준 것은 깨끗이 지우는 망각의 능력이 우리 안에 존재한다. 많은 경우 우리는 남에게 큰 상처를 입혔다는 생각조차 하지 않는다. 자신을 합리화하려는 방어기제가 무섭게 작동하기 때문이다. 우리는 어떻게 해서든 자신을 정당화하거나 합리화하여 다른 이의 가슴에 비수를 꽂은 살인의 추억을 지워 버리려고 한다.

이런 성향이 나이 들수록 고착화되어 노희경 작가가 말한 고상한 어른이 될 가능성은 점점 희박해진다. 우리에게 상처를 준 사람을 용서하는 은혜와 더불어, 우리가 상처 준 것을 망각하고 합리화하려고 한 데 대한 깊은 각성과 회개가 필요하다. 그래야 상처받았다는 입장에서 상처 주었다는 입장으로 가, 비로소 어른이 될 수 있다. 2015.10.14

수탈 아니라 수출?

JTBC 〈뉴스룸〉 특집 토론에서 국정교과서 집필진으로 거론되고 있는 권희영 교수가 일제강점기에 우리나라가 일본에 쌀을 수탈당한 것이 아니라 수출했다고 계속 우기고 있다. 만약 교역 조건이 조선에 불리했다면 이를 수출 과정에서 조선이 불이익을 당했다고 표현해야지 수탈당했다고 하는 건 안 된다는 것이다.

식민지에서 빼앗아가듯 쌀을 착취하고서 쥐꼬리만 한 대가를 던져 준 것이 수출이라니 참으로 해괴한 궤변이다. 이 사람의 정신 상태를 도무지 이해할 수 없다. 국정교과서에 그리 써야 한다니. 이런 자가 어찌 국사를 논하고 연구하는 자라는 말인가. 오호 통재라. 이제 일제강점기라는 말까지 문제가 될지도 모르겠다. 2015.10.14

성령 체험

어제 내가 가르치는 학생들이 교통사고를 당했다. 학생 네 명이 부산에서 함께 차를 타고 천안에 있는 학교로 올라오던 중에 천안에 거의 다 와서 사고가 났다. 일단 학교 바로 옆 천안의료원에 입원했는데 다행히 약간의 찰과상과 두통만 있고, 일주일 정도 안정을 취하며 후유증이 있는지 검진할 예정이다.

공교롭게도 네 명 모두 내가 가르치는 '성령 체험'이라는 수업을 듣고 있다. 어제 수업을 마치고 병원에 들렀는데 겉으로 보기에는 다들 멀쩡했다. 학생 한 명이 이번에 특별한 성령 체험을 한 것 같다고 했다. 이 정도밖에 안 다친 것이 기적이라는 것이다. 그보다 더 감사한 것은 학생 차를 들이받은 마티즈는 세 번 굴러 걸레처럼 찌그러져서 그 차에 탄 사람들은 죽었을 것으로 염려했는데 두 사람이 멀쩡하게 걸어 나오더라는 것이다. 천만다행이다.

지난주 수업 시간에 나는 우리의 다양한 상황과 필요에 따라 가장 적절한 은혜로 성령이 함께하신다고 강의했다. 성령은 우리가 고난과 핍박과 곤경을 고스란히 당하면서도 그것을 잘 감내할 수 있는 은혜를 함께 주시고, 위급 상황에서 우리를 특별한 방식으로 보호하시기도 한다.

우리 학교 학생들 중에는 부산 등 남쪽 먼 지역 출신이 유난히 많다. 고등학교처럼 빡빡하게 가르치는 신학교 수업 따라가랴, 주말마다 교회 사역하랴, 학생들의 수고가 이만저만이 아니다. 주말에 집에 가면 가정을 돌볼 여유도 없이 교회 일에 매진하고 월요일에는 다시 먼 거리를 이동해서 학교로 와야 한다. 지친 몸으로 허름한 중고차를 운전해서 오다 보니 사고의 부담도 더 많은 것 같다.

이렇게 수고스럽게 공부한 고학력자들이 졸업하면 적은 사례를 받으며 부교역자 생활을 오래 해야 한다. 이에 더해 사회에 팽배한 목사에 대한 부정적 선입견과 차가운 시선도 감내해야 한다. 부디 타락한 일부 목사들 때문에 새벽빛같이 신선한 젊은 사역자들까지 싸잡아 매도하지 않으면 좋겠다. 냉대와 고난의 협착한 길을 걷고 있는 우리 학생들에게 성령의 큰 위로가 있기를…. 2015.10.15

아줌마는 못 말려

지난 금요일에 기차역에서 작은 소동이 있었다. 어떤 아줌마가 기차간에 들어서서 목청을 높여 "은경 아빠" 하고 소란스럽게 했다. 찾는 사람이 객실 안에 없는 것을 확인한 아줌마는 스르르 닫히는 열차 문을 손으로 밀고는 황급히 열차에서 내렸다. 문이 닫히고 열차가 출발하자 이 아줌마는 다시 타려고 하는지 기차를 세우라고 두 손을 위아래로 휘저으며 법석을 떨었다. 사람들이 보기에는 약간 미친 여자 같았다. 그 아줌마는 바로 내 아내였다.

부산에 말씀을 전하러 가면서 아내와 동행했는데, 기차역으로 가는 길이 도로 공사로 정체를 빚어 기차를 놓칠 지경에 처했다. 간신히 정체 구간을 벗어나자 운전대를 잡은 아내는 빨간 신호를 두 번이나 무시하고 도로의 무법자처럼 폭주했다. 역에 닿으니 열차 출발 시각 1분 전이었다. 그런데 주차할 곳마저 없어 차를 멀리 세우고 우리는 뛰기 시작했다. 나는 아내 뒤를 따라 가방 두 개를 들고 뛰다가 얼마 못 가서 다리가 풀려 버렸다. 아내는 눈에서 아스라이 멀어졌다.

아내가 기차가 연착되게 기도하라고 했는데 정말 기차가 연착되어 내가 헐떡거리며 플랫폼에 다다른 것과 동시에 기차가 들어왔다. 나는 좌석을 착각하여 2호 차에 올라타서 아내를 찾았지만 아무리 찾아도 아내가 보이지 않았다. 아내는 원래 좌석인 7호 차에서 나를 기다리다가 열차 출발 시각이 다가오자 평소처럼 "은경 아빠"라고 부르며 나를 찾았다. 객실에 내가 없는 것을 확인하고 아내는 내가 기차를 타지 않은 줄 알고 황급하게 내렸다가, 플랫폼에도 내가 보이지 않자 다시 열차에 오르려고 그 난리를 피운 것이다. 다행히 아내가 기차에서 내린 덕에 주차금지 구역에 차를 세웠다는 연락을 받고 차가 견인당하는 것을 면할 수 있었다. 결국 아내는 다음 기차를 타고 부산에 왔다.

이번 일로 아내의 전혀 다른 모습을 목격하였다. 평상시에는 순둥이인 아내가 다급한 상황에 처하니 누구도 막을 수 없는 괴력을 발휘하는 헐크처럼 돌변했기 때문이다. 앞으로 몸조심해야겠다. 2015.11.01

내놓을 것 없는 삶

학교에 부임한 것이 엊그제 같은데 은퇴가 몇 년밖에 남지 않았다. 그동안의 사역을 결산해야 할 시기가 오고 있다. 지난 세월을 돌아보니 학자로서의 자질과 실력을 닦는 데는 실패한 것 같다. 젊은 시절 강렬했던 학적 욕구는 언제부턴가 사그라졌다. 대신 격동의 시대를 지나며 나의 고민과 관심은 한국 교회의 갱신과 나 자신의 성화와 같은 실천적이고 체험적인 것으로 옮겨 갔다.

지금까지 책을 몇 권밖에 쓰지 못했다. 내게 조직신학을 가르쳐 준 칼빈 신학교의 안토니 후크마$^{\text{Anthony A. Hoekema}}$ 교수나 프레드 클루스터$^{\text{Fred Klooster}}$ 교수가 은퇴 후에 본격적으로 책을 썼듯이 나도 그리하리라 스스로를 위로했지만 사실은 게을러서 못 쓴 면이 강하다. 한편으로는 학자들이 최고의 연구 성과를 담은 책 한두 권만 쓰면 되는데 수많은 책을 내서 독자들의 시간과 에너지를 소비하게 한다고 말한 하비 칸$^{\text{Harvie M. Conn}}$ 교수의 말을 떠올리며 책을 많이 쓰는 것을 냉소하며 스스로를 합리화하기도 했다.

내가 잘한 것이 한 가지라도 있다면 그것은 아마 강의일 것이다. 강의를 잘하지는 못해도 한 번도 강의 준비를 소홀히 하거나 성의 없이 강의를 하지 않았다. 강의 시간마다 학생들이 딱딱한 조직신학을 통해서도 진리를 깨닫는 은혜와 기쁨을 맛보도록 간절히 기도하고 강의에 임했다. 그래서인지 학생들의 호응이 나쁘지는 않았던 것 같다. 물론 학생들이 나를 긍휼의 눈으로 봐주었기 때문이리라. 어쨌든 나는 주님께서도 그것만은 인정해 주실 것이라고 자부했다.

그런데 오늘 아침 불현듯 '너는 네 상을 이미 다 받았다'고 하는 음성이 들리는 듯했다. 학생들에게 인기와 박수갈채를 다 받았으니 더 이상 주님께 받을 상은 없다는 것이다. 정신이 번쩍 들었다. 주님의 자비와 긍휼 외에는 자랑할 것이 하나도 없다는 사실을 다시 한 번 절감한다. 2015.11.13

잘 익는 은혜

요즘 곱게 늙어 간다는 것이 얼마나 중요한지 절감한다. 나이 들어 추해지는 사람이 얼마나 많은가. 젊은이들의 귀감이 될 만한 어른들이 별로 없다는 것이 이 나라의 비극이다. 주님의 은혜로 잘 익은 노인이 되어야 하는데, 우리는 죄로 삭고 썩어 악취를 풍기는 꼰대들이 되어 가니 이를 어찌하면 좋은가.

죄에 찌들고 고집이 세서 굳을 대로 굳은 늙은 죄인보다 더 추한 존재는 없다. 하나님도 그런 늙은이는 어쩔 수 없어 내버려 두신다. 나이 들어 얼굴은 쭈글쭈글해지고 추해져도 우리의 속사람은 더 아름답고 청아해져야 할 텐데….

나같이 나이 먹은 사람은 주님의 자비와 긍휼을 간절히 구해야 한다. 시간은 우리를 기다려 주지 않는다. 젊어서부터 주님의 은혜 가운데 살지 않으면 별수 없이 우리가 그토록 혐오하던 늙은이 꼴이 된다는 것을 잊지 말자. 2015.11.16

고통을 홀로 느끼며

교수 연수회를 마치고 치과에 갔다. 흔들리는 이가 많이 곪은 상태라 발치를 해야 했다. 의사가 그간 어떻게 참았느냐고 묻는다. 그런데 이를 뺀 후 통증이 더 참기 힘들었다. 견디기 힘든 아픔을 오랜만에 진하게 체감했다. 통증이 심하니 온 신경이 이에 쏠리는 것 같았다.

그 와중에 이런 종류의 고통을 오래 견뎌야 하는 이들이 생각나기도 하고, 내가 그런 상황에 처한다면 어떨까 싶기도 하고, 하나님의 뜻이 무엇일지 고민하는 등 고통의 신학에 대해 생각하고 있는 나를 보자니, 직업은 어쩔 수 없는 모양이다.

함께 갔던 아내는 치과에서 나오면서 김이 모락모락 나는 만두를 사다 먹으며 텔레비전을 보고 있네. 어쩔 수 없이 고통 앞에서는 모두 고독자로 서야 하는가(사실 나의 아내는 내조의 여왕이니 오해는 마시길). 2015.12.04

만 보 걷기

나는 오래 걷는 것을 싫어한다. 특별히 다른 운동도 하지 않는다. 그래서 호흡운동만 하는 사람이라는 말을 자주 듣는다. 그런 내가 오늘은 족히 만 보는 걸은 듯하다. 그것도 강의실에서 말이다. 학생들이 성령론-구원론 기말시험을 치르는 1시간 반 동안 강의실 안에서 계속 걸었다. 300명을 수용할 수 있는 큰 강의실에서 다섯 개나 되는 통로 사이를 계속 오가면 제법 다리 운동이 된다.

걷기를 그토록 싫어하는 내가 많이 걸은 데는 나름의 이유가 있다. 학생들이 시험 치느라 고생하는데 나 혼자만 물끄러미 앉아 있기보다는, 그들과 함께한다는 의미로 그들

곁을 돌아다닌 것이다. 질문도 받아 주고 여분의 답안지도 갖다 주었다. 가까이서 한 사람씩 지켜보며 그들의 얼굴을 익히고 속으로라도 축복하며 귀한 사역자들이 되기를 기도했다. 모두가 귀하고 사랑스러워 보였다. 평소 강의 시간에는 할 수 없었던 일이었다. 그것이 내가 할 수 있는 마지막 서비스라고 생각했다.

이렇게 쓰고 보니 내가 아주 괜찮은 선생인 척 자랑질한 꼴이 되었는데, 사실 무료한 시간 죽이기를 걷기 운동으로 승화시켰을 뿐이다. 이 글을 쓰는 이유도 자신들 주위를 뺑글뺑글 도는 나를 의아하게 생각했을 학생들의 의문을 풀어 주기 위해서다. 2015.12.10

귀신 잡다가 사람 잡다

한국인 다섯 명이 독일에서 귀신을 쫓는다고 사람을 죽인 사건이 발생했다. 귀신으로부터 해방시켜 평안케 하는 것이 축사인데 고통받는 이를 괴롭혀 죽이기까지 한 잔혹한 행위가 축사의 이름으로 자행됐다. 어떻게 했으면 사람이 죽는 지경까지 이르렀을까? 전에도 축사를 한다고 사람 위에 올라타 배와 가슴을 짓누르고 때려서 죽은 사건이 있었는데 그와 비슷한 사태가 벌어졌는지도 모른다. 귀신을 쫓아낸다는 자들이 오히려 귀신 들린 셈이다.

귀신에 대해 편집증적 반응을 보이며 귀신 축출에 특심인 사람들이 귀신의 세력에 가장 은밀히 조정당한다. 마귀는 사람들이 자신의 존재에 대해 무관심하거나 지나친 과민 반응을 보이게 한다. 이 두 가지 모두 자신의 존재와 활동에 대해 오해하게 만드는 마귀의 전략이다.

축사를 성경적으로 이해하지 못하고 미신적으로 곡해할 때 문제가 발생한다. 축사는 하나님 나라가 임하는 표징이다.^{마 12:28; 눅 11:20} 즉, 예수님의 오심과 사역으로 사람들을 지배하고 있던 마귀의 세력이 쫓겨나고 하나님의 통치가 역사 속에 임한다는 신호다. 따라서 축사는 일차적으로 구속사적이고 선교적 관점에서 이해해야 한다. 이 세상과 사람들을 장악하고 있던 마귀의 세력을 결정적으로 꺾은 예수 그리스도의 십자가 사건을 분수령으로 그 전과 후에 나타나는 귀신의 역사는 확연히 다른 각도에서 이해해야 한다.

귀신 들림은 어떤 지역에 복음이 전파되어 교회가 세워지고 하나님 나라가 확장되기 전과 후의 양상이 다르다. 선교지에서 처음 하나님 나라의 복음이 소개될 때 극렬하게 저항하는 귀신들이 쫓겨 나가는 일이 빈번하게 일어난다. 한국 교회 초기에도 그런 사례들이 보도되었다. 그러나 그 지역에 교회와 하나님의 통치가 편만하게 확산되면 귀신 들림은 현저히 줄어든다. 미국의 한 교회 역사가는 그동안 미국 사회에 귀신 들림이 비교적 적게 나타난 이유는 기독교가 그 사회의 중심 체계로 자리 잡았기 때문이라고 했다. 그런데 미국 내 기독교 세력이 약화되고 다원주의 문화가 팽배해지면서 이런 현상이 점증하고 있다고 지적하였다.

이와 같은 구속사적이고 선교적인 차원을 고려하지 않은 채, 한국 교회에 귀신 들림이 빈번하게 일어나는 것처럼 생각하고 귀신 잡기에 혈안인 사람들이 적잖다. 많은 경우 정신질환자들이 귀신 들린 사람으로 오인당해 수난을 겪는다. 그러나 정신병은 스트레스와 불안으로 가득한 경쟁 사회가 빚어낸 현대병이다. 각박하고 냉혹한 경쟁 사회에서 현대인들은 정신적으로 짓눌리고 탈진하여 조금씩 아프고 고장 난 사람들이다. 정신병 치료를 받아야 할 사람에게 축사를 행하면 그 상태는 악화될 뿐이다.

축사는 고도의 전문성을 요한다. 로마 가톨릭은 오랜 세월 축사에 대해 연구해 왔고 전문 축사자들을 양성하는 전통이 있다. 개신교에서는 선무당이 사람 잡는다고 정신병과 귀신 들림을 구별할 수 있는 상식도 없는 이들이 마구잡이로 귀신을 잡는다고 덤벼들다가 사람을 잡는 경우가 종종 있다. 귀신 들림이나 귀신의 괴롭힘을 당하는 경우라고 의심되면 영적 분별력이 있는 사람과 정신의학 전문가를 포함한 이들이 팀을 이루어 증상을 면밀하게 살피고 분석해야 한다. 그래서 축사가 필요하다고 판단되면 조심스럽게 축사하고 당사자가 최대한 고통받지 않는 방법으로 그가 자유를 찾게 해 주어야 한다. 이런 일이 재현되는 것을 방지하기 위해서라도 개신교 내에 축사에 대한 연구와 훈련을 위한 전문 기관을 설치해야 한다. 2015.12.15

언론의 배신

"세월호 청문회 중계하지 않는 KBS, MBC, SBS, 느그가 언론이냐?"라는 팻말을 들고 시위하는 사람을 보았다. 다른 청문회는 앞다투어 취재하면서 국민의 관심이 집중된 세월호 청문회는 방송 3사가 약속이라도 한 듯 중계를 하지 않았다. 정부의 심기를 건드리지 않으려고 알아서 기는 것인가. 서슬이 시퍼런 독재 군사정권 아래서도 굽히지 않았던 저널리즘의 정신은 어디로 가 버린 것인가. 암울한 시대에도 기개가 살아 있는 언론은 새 시대의 개막을 알리는 전령사

역할을 했다. 그러나 그 정신이 죽은 언론은 시대의 어두움과 절망을 심화시킬 뿐이다.

시대를 바라보는 혜안을 잃어버린 이 시대의 눈먼 사람들과, 이런 참극을 부추긴 언론은 혹독한 역사의 심판을 받을 것이다. 우리의 후손이 우리를 심판할 것이다. 2015.12.17

해괴한 신관

며칠 전 전북 익산에서 지진이 발생했다. 그런데 이를 두고 그 지역에 이슬람 할랄 식품 단지를 조성하는 것에 대한 하나님의 심판이라는 이야기가 퍼지고 있다고 한다. 도대체 기독교 신앙을 어떻게 배웠기에 그런 말을 할 수 있을까? 그런 신관神觀은 전혀 기독교적이지 않을 뿐 아니라 이교적이기까지 하다.

특별히 그리스도인 중에 이와 같은 편집증적 사고에 사로잡히는 경우가 많다. 제멋대로 하나님의 심판 운운하는 것이야말로 자신의 편협한 생각과 부패한 마음을 따라 하나님의 형상을 만드는 우상숭배. 만약 하나님이 심판을 행하신다면, 하나님의 영광을 해괴한 형상으로 변질시키는 이와 같은 우상숭배자들을 먼저 심판하실 것이다. 2015.12.24

흐트러짐의 영성

성탄절을 맞아 교회에서 부서 발표회를 했다. 성탄절 예배와 이런 축하 모임이 개혁교회 전통에서 벗어난 것이라고 주장하는 이들도 있는데, 이에 대해서는 신학적 관점뿐 아니라 문화적이고 상황적이며 실천적인 관점까지 아우르는 다층적 진단이 필요하다. 여기서 그 문제를 논하려는 것은 아니다.

각 부서에서 준비한 찬양과 촌극 등 다양한 발표를 보면서 모처럼 유쾌하고 즐거운 시간을 보냈다. 평소에는 알 길이 없던 교인들의 숨은 모습도 엿보았다. 예배와 교제의 형태로 서로를 만나기에 이런 모임이 아니면 또 다른 모습을 알기가 어려운 게 사실이다. 한 점 흐트러짐 없이 반듯하기만 한 이가 우스꽝스럽게 망가지는 모습에 뜨악하며 배꼽을 잡기도 하고, 전혀 예상하지 못했던 이가 재주를 부려서 놀라기도 했다. 평소의 엄숙하고 진지한 모습과는 너무도 다른, 그래서 더 인간다운 모습에 편안함을 느꼈다.

우리가 전인적인 기독교 신앙을 추구한다면, 여기에는 이런 흐트러짐까지 포함되어야 하지 않을까? 경건하고 영적이라는 사람들이 좀더 인간적이고 유연해지면 좋겠다. 이상하게 거룩을 추구한다고 하면서 딱딱하고 까탈을 부리는 이들이 많다. 성령은 우리를 유별난 별종이 아니라 한없이 자연스러운 인간이 되게 하신다. 오늘 모임을 통해 우리는 하나님의 한 가족이라는 깊은 친근함을 느꼈다. 우리가 한 가족이기에 경건의 안전망을 벗고, 있는 그대로의 모습을 보일 수 있어 참 감사하다. 2015.12.25

기독교를 망치는 기독교 단체

기독교 연합 단체는 기독교와 관련한 문제를 우선적으로 다루고 의견이 첨예하게 대립되는 정치적 사안에 대해서는 입장 표명을 최대한 자제해야 한다. 그런데 최근 몇몇 기독교 연합 단체가 한일 일본군 위안부 협상에 대해 긍정적 평가를 내린 성명을 성급하게 발표하였다. 명색이 기독교 연합 단체면 기독교 전체 의견을 아울러 대변해야 할 것 아닌가? 수많은 교계 사람들이 이번 합의는 졸속으로 이루어졌다고 생각함에도 불구하고, 일방적으로 입장을 발표하는 것은 연합의 이름으로 기독교를 매도하고 모독하는 행위다.

한 번도 진정성 있는 사과를 받아 내지 못해 지금도 응어리진 아픔과 상처를 지니고 살아가는 이들을 깊이 공감하고 어루만져 주지 못하는 종교는 퇴출 대상이다. 과거 암울한 시대에 이 민족의 위로와 등불이 되어 주었던 기독교가 지금은 어찌하여 민족 정서에 이다지도 둔감하며, 한 치 앞을 내다보지 못하는 눈먼 자들로 전락해 버렸을까? 2015.12.31

성적 문의

성적 열람 기간인 모양이다. 성적 문의가 쇄도한다. 낙제점을 받은 학생들의 문의가 많다. 낙제점을 줄 때 선생의 마음은 불편하고 착잡하다. 학생이 내년에 재수강을 하는 곤욕을 치러야 한다는 것을 알기에 답안지를 몇 번씩 읽으며 구제할 방법이 없을지 고심한다. 그럼에도 어쩔 수 없이 그런 결정을 내려야 할 때 선생도 곤혹스럽다.

이번에 강의한 성령론-구원론은 복음을 전할 사람이라면 필히 숙지해야 할 내용을 다루고 있어, 기본을 갖추지 못한 학생을 적당히 봐줄 수가 없다. 어떤 학생은 자신의 불성실함을 돌아보기보다 선생의 처사에 불만을 품기도 하지만, 다행히 그런 이는 극소수고 대부분 겸허히 결과를 받아들이며 재수강을 통해 실패를 만회한다.

이번 학기에도 재수강한 학생들이 작년과 비교가 안 되게 실력이 진보해 흡족했다. 얼마 전 어떤 교회에서 만난 목사는 낙제점을 받고 재수강한 것이 큰 도움이 되었다고 감사해했다. 그 마음씨가 참 곱다. 미안한 선생의 마음을 따스하게 녹여 준다. 비록 점수는 과락이었어도 목회자로서의 인품은 만점이다. 2016.01.13

목사가 저지른 살인

중학생 딸을 때려죽이고 시체를 1년 가까이 집 안에 유기한 엽기적인 살인 사건이 발생했다. 그런 짓을 한 사람이 목사라는 사실에 더욱 경악스럽고 우울해진다. 무허가 신학교나 졸업한 엉터리 목사겠거니 했는데 독일에서 바울 신학을 전공하여 박사 학위까지 취득하고 유명 신학대학원에서 겸임 교수로 일하는 목사란다. 그를 아는 사람은 강의를 잘하고 친절해서 학생들 사이에 인기가 많았다고 전했다. 그런 말을 들으니 더 씁쓸해진다.

그가 공부한 신학, 그것도 바울 신학이 그의 삶과 인격에 아무런 영향도 미치지 못했다는 말인가? 삶에 긍정적 변화를 끼치는 것은 고사하고 반인륜적 악행을 저지르는 괴물로 변하는 것을 막는 데 신학 지식이 조금도 기여하지 못했다는 사실이 너무도 슬프다. 이번 사건으로 인해 그렇지 않아도 실추된 교회와 목사의 이미지가 더 손상될 텐데 그 또한 마음이 아프다.

이 비극적 사건을 통해 우리 목사와 신학자들은 스스로를 깊이 돌아보아야 한다. 신학 박사나 교수들 중에 인격과 영성이 바닥인 사람들이 의외로 많다. 이는 한국 신학계가 안고 있는 심각한 문제다. 나도 가끔 대단한 신학 지식을 가졌으면서도 왜곡된 심성과 인격 장애를 안고 있는 이들을 만난다. 머릿속에 가득한 하나님과 성경에 대한 지식이 자신의 인격과 삶에 아무런 영향을 끼치지 못할 수 있다는 사실이 슬프고도 아이러니하다. 신학 지식이 자신을 멋지게 포장하여 명예와 인기를 얻는 수단으로 이용되니 그 심령을 더 교만하고 부패하게 만든다. 신학을 공부하는 우리는 뼈를 깎는 심정으로 자성해야 한다.

이렇게 극단적이진 않더라도 혈기와 성질을 이기지 못해 가족들에게 폭력을 휘두르는 목사들이 있다. 육신의 혈기를 다스리지 못하는 사람은 지금이라도 목사직을 그만두어야 한다. 그러지 않으려면 성령의 능력으로 육신의 혈기와 욕심을 십자가에 못 박아야 한다. 그런 사람만이 진정한 목사가 될 수 있다. 2016.02.04

목사 사례 공개

어떤 목사가 교회에서 받는 사례비를 공개했다. 큰 교회 담임목사의 사례치고는 상당히 적은 액수였다. 그런데 이에 대한 반응이 상당히 엇갈린다. 고액의 사례비를 받아 온 대형교회 목사들에 비하면 그의 청빈함에 신선한 충격을 받았다는 이들이 있다. 반면 유명한 목사의 사례비 공개 속에 포퓰리즘의 꼼수가 담겨 있다고 비판하는 이들도 있다. 시각차가 참 크다.

    내 생각은 이렇다. 그 목사의 숨은 의도까지 우리가 판단할 바는 아니다. 의도는 순수했을 거라고 믿어 주어야 한다. 그러나 그는 자신이 의도하지 않았을지라도 청빈이 자신을 빛나게 하는 또 하나의 자랑이 될 수 있음을 알아야 한다. 그가 돋보이는 만큼 상대적으로 청빈하지 못한 목사들은 찌그러지는 셈이다. 게다가 대부분의 목사는 청빈을 논하거나 실천할 수 있는 고상한 사치도 못 누릴 정도로 박봉에 시달린다. 대형교회 목사도 이 정도로 적게 받는다는 뉴스가, 자칫 그들을 더 힘들게 압박할 수도 있다.

    청빈을 스스로 공개하는 순간 청빈의 숭고한 가치는 사라진다. 물질을 버림으로써 명예를 얻는 것은 가치 있지만, 물질이라는 저급한 탐욕을 버린 대가로 명성이라는 고급적 탐욕에 사로잡힌 격이 될 수 있다. 영특한 이들이 이런 짓을 잘한다. 아무리 자기 PR 시대라고 하지만 주의 종들은 자신의 선함과 잘남에 대해서는 나팔 불지 않는 것이 좋다. 그것이 주님의 인정과 상을 잃지 않는 비결이다. 2016.02.15

이상한 성령 체험

　일요일에 어느 교회에서 연달아 네 번을 설교했다. 잠자리를 옮기면 항상 겪는 수면 장애로 전날 잠을 못 자서 그런지 세 번의 오전 설교는 모두 한없이 맥 빠진 설교를 했다. 중간에 그냥 내려오고 싶을 정도로 설교가 풀리지 않았고 성령의 도우심을 도무지 느낄 수 없이 혼자 버려진 것만 같았다. 최근 들어 한 설교 중 최악이었을 것이다. 얼마 전 똑같은 내용의 설교를 다른 교회에서 했을 때 큰 은혜를 끼친 것과는 정반대였다. 특별 집회에 대한 기대에 부풀어 참석한 성도들에게 좋은 영적 양식을 공급하지 못한 목사의 마음은 참담했다.

　오후에 마지막 설교를 위해 강단에 섰다. 그런데 거기 선 사람은 갑자기 변신이라도 한 듯이 완전히 다른 사람이 되었다. 방전된 배터리처럼 소진되어 있던 사람이 생명력이 충일하여 불을 뿜어냈다. 청중도 그 이상한 변화를 직감하였다. 두 얼굴의 사나이를 직접 목격한 것이다. 설교가 끝난 후에 청중 가운데 한 사람이었던 동료 교수가 농담 삼아 잠깐 사이에 기분 좋은 일이라도 있었느냐고 물었다. 인간적으로 생각하면 마지막 설교였기에 더 지치고 힘이 빠져야 할 텐데 에너지가 더욱 넘쳐났다. 성령 체험에 관한 설교였는데 교인들이 그 실체를 조금이라도 목격하고 체험했을 것이다.

성령의 도움을 애타게 구해도 앞서 세 번은 일절 도와주지 않아 죽을 쑤게 하시고 마지막에 기껏 한 번 밀어주신 게 좀 야속하지만 성령의 신비로운 사역을 어찌 다 이해할 수 있으랴. 그래도 나는 형편없이 찌그러지고 성령만 영광을 받으셨으니 감사한 일이다.

대중 앞에 설 때 내가 가장 두려워하는 것이 그들 앞에서 망가지는 것인데 주님은 자주 그 일을 당하게 하신다. 집회를 인도할 때마다 여러 번 말씀을 전하면 한두 번은 성령이 철수하신 것 같은 이상한 체험을 하게 해서 속상하게 하신다. 그러나 성령이 함께하시지 않는 것 같은 이상한 성령 체험을 통해 인간은 찌그러지고 성령만 드러나니 쓸쓸한 기쁨으로 감수해야 하지 않겠는가. 그래야 청중도 은혜로운 말씀 선포는 인간이 아니라 성령이 하신 일이라는 것을 감지하게 되고 설교자가 아니라 주님께 영광을 올려 드리게 된다.

성령은 약을 올리시듯이 망가트린 다음에 약간의 체면은 세워 주신다. 설교 후에 나를 데려다준 사랑하는 제자가 지금도 자주 죽 쑤는 나를 보고 큰 위로가 된다고 했다. 곤혹스러운 성령 체험을 통해 이래저래 은혜를 끼쳤다. 2016.02.16

응팔 신드롬

페이스북에 '응팔'이라는 단어가 떠돌기에 궁금해서 찾아보았다. 〈응답하라 1988〉이라는 드라마 제목이었다. 최근에야 이 드라마를 몇 편 보고 왜 사람들에게 인기를 끌었는지 알았다. 쌍팔년 시절, 쌍문동의 한 골목에 모여 사는 이웃 사이에 벌어지는 에피소드를 풀어내는 드라마인데 각박한 시대를 사는 시청자에게 애틋한 추억을 선사함으로써, 향수를 일으킨다.

일상을 소재로 하여 내용이 진부할 수도 있고, 캐스팅도 화려하지 않아 대박 나기 힘들 수도 있었을 텐데, 오히려 그 점이 시청자의 마음을 사로잡은 건 아닌가 싶다. 반들반들하게 잘생긴 배우들 대신 수더분하게 생긴 배우들에게서 친밀감을 느끼고, 서민들의 소소한 일상과 애환을 담아낸 이야기들에 정감을 느꼈다.

다만, 뻔한 연애 이야기가 지루하게 이어지고, 일류 대학에 들어가 의사와 검사가 되었다는 결말은 통속적 드라마와 별반 다를 바 없어 아쉬웠다. 일류 대학 이름이 그대로 공개된 것은 큰 오점이다. 개천에서 용이 날 수 없는 이 시대를 돌아보도록 의도했는지는 모르겠으나, 정말 그랬을지는 모르겠다.

그럼에도 드라마를 만드는 사람들이 응팔 신드롬을 통해 시청자들의 심리를 읽기를 바란다. 대중과 동떨어진 비현실적 이야기는 사람들에게 공허감을 주고, 현실에서 도피하고 싶다는 생각만 준다. 현실과 유리된 내용을 반반한 외모의 배우를 써서 얄팍하게 포장하는 것은 시청자를 우롱하는 삼류 드라마다.

방송사가 외모 지상주의에서 탈피하여 평범하게 생겼으나 대중과 호흡할 수 있는 연기자를 기용하면 좋겠다. 또한 아픈 시대를 살아가는 서민과 젊은이들이 겪는 고충을 조금이라도 달래 줄 드라마를 만들기 바란다. 조만간 업그레이드된 응팔이 등장하기를 기대한다. 2016.02.17

국가 화합의 길

나는 정치에 크게 기대하지 않는다. 정부가 기본적인 역할만 해 주면 그것으로 만족이다. 그런데 작금의 정치 현실은 나 같은 사람도 정치에 신경을 끄고 살기 힘들게 만든다. 그래서 구체적 언급 없이 정치가 혼란스럽다고 한마디 할라치면, 득달같이 달려들어 사람들을 선동하고 국론을 분열시킨다고 공격하니 기가 막힌다.

정치권력은 전제주의적 독단과 횡포로 흐르는 속성을 지니고 있다. 이런 세상 권력의 배후에는 어두움의 권세가 역사하고 있다. 그렇기에 정부에 대한 지지뿐 아니라 비판을 통해 정치권력의 타락을 견제하는 것이 민주주의의 기본 정신이며 민주주의를 수호하기 위한 국민의 사명이다. 정부에 대한 다양한 비판의 목소리를 봉쇄하는 것은 파쇼 정권으로 가는 지름길이다. 정부를 무조건 지지하는 목소리 외에 다른 목소리를 국론 분열을 획책하는 것으로 타도하는 행태는 최악의 공산주의 집단에서나 하는 짓이다. 다른 견해가 서로를 보완하고 견제하면서 한데 어우러져 건강한 민주주의를 생성해 가는 것이다.

그러므로 우리는 서로 다른 정치적 견해를 존중해야 한다. 그것이 바로 국론을 분열시키지 않고 화합하는 길이다. '나는 당신과는 달리 이렇게 생각합니다' 정도로 말할 수 있는 인간적 아량과 품위와 인격을 기대할 수는 없을까? 사람들 모두 자기 나름의 주관과 견해를 가지고 있기에 누군가의 말에 쉽게 휘둘릴 바보도 아니다.

특별히, 목사라고 입을 틀어막고 있으라고 강요하지 말아야 한다. 목사는 강단에서 정치적 발언을 하지 말아야 한다. 나는 절대 설교할 때 정치에 대한 언급을 하지 않는다.

그러나 목사도 국민의 한 사람으로서는 정치에 대해 소신껏 의견을 말할 수 있어야 한다. 그것을 막는다면 목사는 이 나라와 국민은 어찌 되든 종교의 게토 속에 갇혀 꼼짝 말고 있으라고 압력을 가하는 것이다. 이는 하나님 나라가 세상의 모든 영역에 임하는 것을 꿈꾸며 일하는 목사의 입과 눈을 봉쇄하는 것과 마찬가지다. 그래서 이 국민들을 학살하는 살인자, 나라를 말아먹은 도둑놈이 집권자가 되어도 목사는 끽소리도 못하고 그런 정권을 지원하고 복을 빌어 주는 벙어리 개 역할을 한 것이다. 한국 교회는 일제 신사참배의 죄뿐 아니라 군부 정권의 폭정 아래 자행된 만행에 대해 선지자적 메시지를 전하지 못한 죄도 통렬히 회개해야 한다. 나아가 영적으로 깨어 이 시대를 분별함으로써 역사적 과오를 되풀이하지 말아야 한다. 2016.02.19

시대를 앞선 패션

치과에 가서 잔뜩 폼 잡고 대기석 소파에 앉았다. 그런데 내가 신은 신발의 짝이 다른 것 아닌가. 현관에 놓인 두 켤레 구두를 섞어 신고 나온 것이다. 난생처음 있는 일이다.

내 신조가 폼생폼사인데 맛이 갔나 보다. 조직신학을 전공해서인지 모든 것이 칼같이 정돈되어 있어야 하고 머리털 한 올도 흘러내리면 못 견디는데 오늘 완전 스타일 구겼다. 내 구두를 보고 사람들이 무슨 생각을 했을까? 혹 시대를 앞서가는 패션이라고 생각한 사람은 없을까? 아내는 뭐가 그렇게 신나는지 셔터를 눌러 댄다. 2016.03.04

신학 사대주의

한때 '일등만 알아주는 더러운 세상'이라는 말이 유행했다. 이게 세상에서만 통용되는 말은 아닌 것 같다. 신학계에서도 '세계적'이라는 레벨이 붙지 않으면 실력이 쥐뿔도 없는 사람으로 취급받는 설움을 감수해야 한다. '세계적'이라고 하면 껌뻑 죽는 이들이 많다. 신학 사대주의가 너무 심하다.

한국 교회의 신학 수준이 아직은 낮고 나같이 실력이 부족한 사람이 많은 것도 사실이다. 그러나 세계적 신학자라고 하는 이들만 하늘같이 받드는 것은 좀 지나치다. 세계적 신학자를 추앙한다고 자신의 수준이 같이 올라가는 것은 아니다. 사실 세계적 명성이라는 것은 과대평가되는 면이 많은 반면 이름 없는 이는 과소평가되는 경향이 있다.

　　장구한 기독교 역사를 가진 서구 신학의 모든 유산과 혜택을 고스란히 물려받은 해외 신학자들과 이제 겨우 그 신학을 배워서 전수하기에 급급한 단계에 있는 우리 신학자들을 단순 비교하는 것은 온당치 못하다. 만약 서구가 아니라 한국에서 우리말로 오랫동안 신학이 발전해 왔다면 상황은 정반대였을 것이다.

　　우리나라 신학자들이 실력이 있어도 세계무대에 등단하기 어려운 이유는 언어의 한계 때문이다. 특별히 조직신학이나 철학신학 분야는 영어 실력이 뒷받침되어야 하는데 영미권에서 태어나거나 어릴 때부터 그곳에서 자란 사람이 아니고는 거의 불가능하다. 미국에 이민 가서 15년간 영어로 신학을 공부한 나도 언어의 한계를 극복할 수 없었다. 물론 내가 특별히 아둔한 면도 있었겠지만 그것이 어쩔 수 없는 현실일 것이다.

　　해외 신학교에서 외국어로 공부해서 정식으로 신학 혹은 철학 박사 학위를 취득하는 과정은 피 말리는 작업의 연속이다. 외국인 학생들에게 뒤지지 않기 위해 몇 배의 시간과 노력을 기울여야 한다. 금요일 오후에 도서관에 가면 외국 학생들은 한 명도 없고 한국 학생들만 남아 도서관 문이 닫힐 때까지 책과 씨름한다. 그렇게 끈질기게 공부해서 언어의 한계에도 불구하고 외국 학생들보다 탁월하다는 인정을 받는 것은 대단한 일이다. 내가 공부할 때도 그런 한국 신학생들이 많았고 지금은 더 뛰어난 신진 학자들이 등장하고 있다. 여러 면에서 비판받아야 할 우리 못난 기성 신학자들은 욕해도, 이제 새벽빛처럼 떠오르는 젊은 신학자들은 격려해 주기 바란다. 더불어 신학 사대주의를 벗어나 한국에서 신학의 봄이 활짝 피어나는 날이 도래하기를 고대한다. 2016.03.07

인공지능 시대가 올까?

이세돌 기사가 인공지능 바둑 프로그램인 알파고에게 2연패를 당했다. 아직 3판이 남아 있으니 속단은 금물이지만 승리가 그리 쉽지 않을 것 같다. 연이은 패배로 인간은 심리적으로 위축되고 불안하여 제 실력을 발휘하기가 힘들어진 반면, 감정이 전혀 없는 기계는 그런 인간을 비웃기라도 하듯이 한 치의 흔들림도 없이 업그레이드된 괴력을 발휘할 것이니 말이다.

인간이 자신의 피조물에게 무릎을 꿇었다는 사실에 세상은 충격에 휩싸였다. 사람들은 이세돌 기사가 인류의 자존심을 살려 주기를 바라면서도 마음 한편에 왠지 모를 불안감을 떨쳐 버리지 못하고 있다. 당장 이세돌이 알파고를 이기고 지는 문제가 아니라 인공지능이 앞으로 어디까지 확대 적용될지가 더 우려된다. 과거 공상과학영화에서나 가능했던 일이 현실로 성큼 다가왔다. 이세돌 기사처럼 프로 바둑 9단이면 신의 경지에 올랐다고도 하는데, 인공지능은 신의 경지를 훌쩍 초월한 궁극의 위치에 도달한 것만 같다.

방대한 정보를 계속 업데이트할 수 있는 인공지능은 얼마나 획기적으로 발전할까? 인공지능 컴퓨터는 계속 세상을 습득하고 이해해 가고 있다고 하니, 앞으로 인류와 세상의 모든 지식을 완전히 섭렵하여 인류 최고의 통합 지능으로 등극하게 될지도 모른다. 그러면 인간은 그 최고의 지성에게 의존하게 되고 그만큼 인공두뇌의 은밀한 지배를 받게 될 것이다. 인간은 자신이 만든 경이로운 창작물에 도취되어 그것을 우상화하는 어리석음에 빠질 것이다.

인공두뇌가 진화를 거듭한다면 그 끝이 어디일지 아무도 예측할 수 없다. 인공두뇌가 인간을 움직이는 욕망의 정체와 속성, 그 꿈틀거림을 예의 주시하고 면밀하게 관찰하여 모든 자료를 섭렵한다면 어떻게 될까? 인간의 심리적 불안과 두려움이 눈빛과 몸짓언어로 표출되는 것까지 감지할 수 있는 센서를 장착해서, 인간을 조정할 수 있는 컴퓨터가 등장할 가능성을 배제할 수 있을까?

    그러나 아무리 인공지능이 발달해도 생명력과 공감의 능력까지 불어넣을 수는 없다. 인공지능에 대한 기사에 이런 댓글이 달렸다. "인공지능이 양념치킨과 프라이드치킨 사이에서 고뇌하기 전까지는 인간을 넘어설 수 없다." 참 상큼하고 재미있는 글이다. 생기와 영혼을 불어넣는 것은 신의 영역에 속한다. 기계적 지능은 맛을 느끼지 못하며 배고픔과 목마름을 인식하지 못하고 슬픔과 기쁨을 공감하지 못한다. 그런 면에서 아무리 발전된 인공두뇌라 할지라도 인간과 비교될 수 없다. 기계는 결코 인간만의 고유한 영역인 생명의 영역을 넘보지 못한다. 현대 과학기술 문명 속에 공감 능력을 상실한 채 기계처럼 변화된 인간만이 인공지능의 비교대상일 뿐이다. 인간에 대한 참 이해, 인공두뇌에는 전무한 생명력과 사랑과 영원성으로 충일한 존재라는 인간에 대한 이해가 절실하다. 2016.03.11

자기 때를 아는 지혜

사람에게는 모두 때가 있는 것 같다. 때를 잘 포착하기 위해서는 때를 판단할 수 있는 분별력과 때를 기다리며 내공을 쌓는 인고의 훈련이 필요하다. 대개 이런 지난한 과정을 배기지 못하고, 조급해하고 미성숙한 태도로 스스로 자기 때를 앞당기려고 하다가 때를 얻지 못한다.

한편, 한때 사회와 교회에 여러 방면으로 기여한 이들 중 자기 때가 지나갔음을 인지하지 못하고 구차하게 때를 연장시키려 하는 이들이 있다. 자신이 부각되는 시기를 앞당기거나 지연시키려는 것 모두 탐욕이다. 자기 때가 이르지 않았음을 아는 지혜 못지않게 자기 때가 지나갔음을 깨닫는 분별력도 필요하다. 자신의 때는 잠깐이다. 그 반짝이는 순간과 상관없이 자기 길을 꾸준히 가는 것이 이 사회와 교회에서 자기 몫을 담당하며 진정한 자기 때를 만끽하는 방법이다. 2016.04.04

설교 표절의 대안

교회 목사가 설교를 상습적으로 표절해 온 사실을 알고 깊은 상처를 받는 교인이 늘고 있다. 여기저기서 상담 요청 혹은 문의를 받는다. 어떤 목사는 표절 사실을 인정하면서도, 설교 제공 사이트에 회비를 냈기 때문에 양심에 거리끼지 않는다고 했단다. 기막힌 궤변이다. 명백한 잘못조차 인지하지 못할 만큼 신앙의 양심이 더러워지고 마비된 것이 더 심각한 문제다. 그런 부패한 심령에서 어떻게 맑은 복음의 생수가 나오겠는가?

은사와 실력이 딸려서 제대로 된 설교를 하기 힘든 목사가 많다는 것은 부인할 수 없는 사실이다. 나와 같은 신학 교수들의 책임이 크다. 교단 차원에서 대책을 마련해야 한다. 그러나 당장 직면한 이 현실을 타개할 방법을 찾는 것도 시급하다. 어떤 동기와 목적을 가지고 했든 설교 표절은 정당화될 수 없다.

설교를 제대로 할 수 없는 목사들에게 어떤 조치를 취해야 할까? 과거에 미국의 한 교단은 매주 설교문을 목사들에게 제공했다. 설교 부담에 짓눌려 있던 목사들은 해방감을 맛보았을 것이다. 그러나 다른 사람이 쓴 설교를 기계적으로 전하는 것은 인격을 통해 말씀하시는 성령의 능력을 막기 쉽다. 그럼에도 그것이 표절을 막는 부득이한 조치가 될 수는 없는지 신중히 검토해 볼 필요가 있다.

우리 신학교는 1년에 한 번씩 '신대원 주일'을 맞아 전국 교회에 설교문과 기도문을 제공한다. 교단에서 매주 모범 설교문을 작성하여 애로가 있는 이들에게 배부하는 것도 하나의 방안으로 생각할 수 있다. 이는 설교 표절로 신앙 양심을 더럽히는 것을 막아 주고, 제공받은 설교문을 자기 것으로 만들기 위해 노력한다면 성령이 역사하는 방편이 될 수 있을 것이다. 그러나 여기에도 만만치 않은 부작용이 따를 것이다. 남이 만든 설교가 얼마나 자신의 심령을 관통하며 교인들의 심령에 공명을 불러일으킬지 미지수다. 또한 제공된 설교문으로 설교하는 목사는 자신이 만든 설교를 전하는 목사보다 실력이 없고 게으른 목사로 평가될 수도 있다.

답답한 마음에 나름대로 방안을 생각해 보았는데 뾰족한 수는 아닌 것 같다. 신학교와 교회가 설교의 은사와 능력과 경건과 영성을 갖춘 설교자를 엄선하여 배출하는 것이 최상인데, 그 이상이 멀게만 느껴지니 참 안타깝다. 2016.04.04

반가운 공중전화

서울에 사는 딸의 집에 머물던 차에 병원 진료를 받았다. 집에 돌아와 보니 아내와 딸 모두 외출하여 집에는 아무도 없었다. 아내에게 연락을 하려고 집을 샅샅이 뒤졌지만 전화기가 없었다. 밖으로 나가 한참을 걷다 보니 골목 모퉁

이에 공중전화 부스가 나타났다. 무척이나 반가웠다. 그런데 문제는 동전이 없었다. 마침 근처에 구멍가게가 있어 물건을 사고 받은 잔돈으로 전화를 걸었다.

지금까지 핸드폰 없이 살면서 별 불편을 느끼지 못했는데 오늘 처음으로 번거로움을 체험했다. 사용자는 별로 없고 유지비만 드니 공중전화 부스를 없애는 추세이긴 하지만 나 같은 구닥다리 시민을 위해 아직까지 보존해 주니 감사할 따름이다. 2016.04.12

오랜만에
투표하다

오랜만에 투표를 했다. 동료 교수가 잘했다고 박수를 친다. 부끄럽지만 나는 투표 안 하기로 유명한 사람이다. 그만큼 정치에 관심도 없고 게을렀다. 어떤 후보를 택할지 확신이 서지 않을 때 기권하는 것도 민주주의 사회가 부여한 국민의 권리라고 합리화해 왔는데 이번에는 투표 안 하면 인간 취급도 받지 못할 것 같아서 한 표 던지고 왔다. 2016.04.13

세월호를 잊지 말자

타인의 아픔에 공감하는 것이 사람됨의 기본이다. 인간의 아름다움과 위대함은 이 공감 능력에 비례한다. 우리 민족은 오랜 세월 민족의 아픔을 서로 공유하고 내면화하는 데 탁월함을 보여 왔다. 일제 치하의 잔재인 일본군 위안부 문제, 분단에서 비롯한 이산가족의 아픔, 군부 정권의 탄압과 희생을 모두의 아픔으로 마음속에 간직한 채 살아왔다. 그래서 우리 민족의 가슴은 모두 멍들었고, 해소되지 않은 고통의 응어리가 맺혀 있다. 이런 탓에 다른 이의 고통에 더 민감하게 반응한다. 이것이 고난 속에서 빚어진 우리 민족의 위대함일 것이다.

어느새 세월호 참사 2주기다. 눈감는 날까지 슬픔과 원통함을 안고 살아야 할 희생자 가족의 아픔을 우리 모두의 고통으로 끌어안고 더 나은 사회를 건설하도록 민족의 슬기를 모아 단합해야 할 때다. 경제적·정치적 이유를 들먹이며 '이제 그만 잊자'고 하는 치졸한 주장만큼, 고난 속에서 다져진 우리 민족의 위대한 단합 정신을 거스르는 것은 없다. 잊지 않는 것이 우리 민족이 진정으로 살길이다. 2016.04.16

조급증과의 싸움

　제자가 목회하는 교회에 말씀을 전하러 갔을 때 일이다. 그는 5년 전 교회에 부임하여 지금까지 열과 성을 다해 섬겼지만, 교인들이 변하지 않아 지쳐 가고 있다고 하소연했다. 나는 작은 교회를 섬겨 온 내 경험을 얘기하며 10년은 꾸준히 인내하며 사역해야 한다고 위로했다.

　목회는 자기와의 싸움, 특별히 영적 조급증과의 싸움인 것 같다. 10년 넘게 작은 교회를 섬기며 내가 가장 힘들었던 점은 내 안에 도사리고 있는 성취 지향적 욕망과 그것을 성취하지 못할 때 견디지 못해하는 조급증을 극복하는 것이었다. 어떤 교인들은 내 숨은 욕망을 알고 약 올리기라도 하듯이 요지부동이었다. 말씀과 기도 사역에 시간과 정성과 에너지를 쏟았음에도 아무런 변화가 없는 사람을 볼 때 목사는 탈진하기 쉽다.

　그런데 이제는 10년이 아니라 평생 인내해야 한다고 조언해야 할 것 같다. 주의 종은 어차피 하나님의 소모품 아닌가. 날로 새로워지며 아름답게 성숙해 가는 교인이 있는 반면, 죽을 때까지 조금도 변하지 않는 이들도 적잖다. 영적으로 쇠락한 현대 교회에서는 그런 이들의 뒤치다꺼리를 해 주는 소모전이 이어진다.

어제 텔레비전에서 국수의 달인이라는 사람이 좋은 국수를 만들기 위해 얼마나 노력하는지, 얼마나 지극정성을 기울이는지 보며 큰 감명을 받았다. 그렇게까지 힘쓰는 것을 사람들이 알아주기를 바라지 않느냐고 물으니 자신이 마땅히 해야 할 일을 하는 것뿐이라고 그는 대답했다. 그 말이 나를 심히 부끄럽게 한다. 주님 앞에 설 때까지 묵묵히 내가 할 일만 우직하게 하면 될 텐데 그것이 쉽지 않다. 지난한 목회 여정에 지친 이들에게 주님의 특별한 위로가 함께하기를 빈다. 2016.05.03

진정한 아버지 체험

『무신론의 심리학』새물결플러스이라는 책이 있다. 심리학 교수인 폴 비츠Paul C. Vitz가 아버지의 부재와 무신론의 연관성을 연구한 책이다. 이 책에서 저자는 유명한 무신론자들이 일찍 아버지를 여의었거나 어린 시절 아버지의 부재 속에서 자랐다고 지적했다.

영국의 저명한 사상가 버트런드 러셀Bertrand Russell이 그런 사람이었다고 한다. 『나는 왜 기독교인이 아닌가』^{사회평론}라는 책에서 그는 자신이 왜 무신론자인지 밝혔다. 그는 2살에 어머니를 여의고 4살에 아버지마저 여의었다. 우리가 잘 아는 실존주의 철학자이자 소설가인 장 폴 사르트르^{Jean Paul Sartre}는 태어난 지 15개월 만에 아버지를 잃었다. 사르트르는 인생의 의미와 목적이 신에 의해 규정되었다는 가르침은 최대의 거짓말이라고 비판한 무신론자다. 그는 자신이 성장하면서 느껴 보지 못한 부성애에 평생 집착했다고 한다. 『이방인』^{민음사}이라는 소설로 노벨문학상을 수상한 실존주의 철학자이며 소설가인 알베르 카뮈^{Albert Camus}도 태어나고 얼마 있지 않아 아버지가 전쟁터에서 목숨을 잃었다. 그도 철저한 무신론자였다.

신은 죽었다고 외쳤던 철학자 니체^{Friedrich Nietzsche}의 아버지도 그가 5살이 되기 전에 병들어 죽었다. 아버지의 사랑과 보호가 절실히 필요했던 어린 날 아버지를 잃은 상실감이 그의 생에 지대한 영향을 미쳤다고 한다. 니체의 아버지는 목사였다. 니체는 자기 자식도 제대로 돌보지 못하고 병들어 일찍 죽어 버린 유약한 아버지와 기독교 신앙을 연결시켜 이해했다. 자기 아버지와 같이 약한 인간의 종교와 그들이 믿는 하나님을 거부한 것이다. 니체는 십자가에서 나타난 예수님의 무력함을 극도로 혐오했다. 기독교의 가르침은 강해지려는 인간의 욕망을 거세하여 인간을 약골로 만드는 인류 최대의 거짓말이며, 지푸라기 같은 윤리라고 신랄하게 비판했다. 그는 자신을 돌봐 주지 못하고 일찍 죽어 버린 유약한 아버지 같은 인간이 아니라 강한 인간, 즉 권력을 욕망하고 그것을 실현하는 초인 같은 인간을 원했다. 아버지의 부재가 그의 삶과 사상에 미친 영향이 그토록 컸던 것이다.

어린 시절 아버지의 부재를 경험했다고 꼭 무신론자가 되지는 않는다. 아버지가 없이 자랐음에도 탁월한 신앙인이 되는 경우도 많다. 반면 아버지의 존재가 신앙의 거침돌이 될 수도 있다. 아버지에 대한 부정적 추억과 경험이 하나님을 아버지로 경험하는 데 큰 방해물로 작용하는 것이다. 권위적이고 무서운 아버지 밑에서 자란 사람들에게는 하나님이 아버지라는 말씀이 은혜로 와닿지 않을 수 있다. 아버지라는 말을 듣기만 해도 부정적인 이미지가 떠오르고 자기도 모르게 하나님 아버지에게 그런 이미지를 투사하게 된다.

어찌 보면 우리 인간은 아버지가 있든 없든 모두 진정한 아버지를 경험하지 못하는 인생을 살고 있다. 우리 모두는 이 우주에 아버지 없이 고아처럼 버려진 존재다. 사르트르가 말했듯이 우리 인생에는 불안과 절망이 가득하다. 그러나 이런 인생들에게 하나님이 진정한 아버지로 찾아오셨다는 사실이 가장 기쁜 소식, 곧 복음이다. 그리스도인의 삶은 진정한 아버지를 만나고 체험하는 삶이다. 그 체험의 결정체가 바로 하나님을 아빠라고 부르는 것이다. 바울 사도는 "너희는 다시 무서워하는 종의 영을 받지 아니하고 양자의 영을 받았으므로 우리가 아빠 아버지라고 부르짖느니라"라고 했다. 롬 8:15 아빠라는 말 한마디에 복음의 모든 비밀과 은혜가 함축되어 있다. 2016.05.07

내가 페이스북을 하는 이유

페이스북 친구들 중에 별 의미를 느끼지 못하거나 역기능 때문에 페이스북을 접는 분들이 많다. 나도 그러고 싶을 때가 있다. 내 딸과 아들은 제발 페이스북을 하지 말라고 한다. 평생 들어 보지 못한 험한 말을 페이스북을 시작하고 4년 동안 몽땅 들었다. 그럼에도 페이스북을 계속하는 이유가 무엇인지 나 자신에게 물어본다.

첫째, 극구 부인하고 싶지만, 인기를 얻고 싶고 영향력을 넓히고 싶다는 이기적인 동기가 내 안에 있다. 그러나 실제 인기보다는 욕을 먹거나 불이익을 당한 경우가 훨씬 많다.

둘째, 그럼에도 페이스북을 하는 이유는 많은 지인과 제자들의 근황을 접할 수 있기 때문이다. 또한 신문을 보지 않는 나에게 사회와 교계에서 돌아가는 일을 페이스북보다 더 신속히 알려주고 논평해 주는 정보통이 없기 때문이다.

셋째, 내 페이스북 친구들은 그다지 유명하지 않은 평범한 분들이다. 그러나 그들의 소소한 일상에서 묻어나는 진솔함과 풋풋한 인간미에서 훈훈함을 느낀다. 그들의 글에 담긴 삶의 지혜와 인문학적 통찰, 교회와 사회문제를 바라보는 시각과 의식을 배우기도 하고 자극을 받기도 한다. 반면 페이스북이 인간의 부패성을 직접 확인하는 공간이기에 인간학 연구에도 유익하다.

넷째, 내가 올린 긴급하고 절박한 기도 요청에 세계적으로 호응해 주셔서 큰 위로와 기도 응답의 축복을 누린 것도 페이스북을 유지하는 중요한 이유 중 하나다. 페이스북에서 기도로 긴밀하게 연결되어 서로를 위로하는 네트워크가 형성되는 것이 참 좋다.

앞으로는 페이스북이 내가 어떤 유익을 챙기는 공간이기보다는, 페이스북 친구들에게 조금이라도 유익을 주는 섬김의 장이 되기를 바란다. 전에 어떤 이가 나에 대해 내가 쓴 글의 문맥과 상관없이 몇몇 표현을 문제 삼아 인기를 이용하여 글로 폭력을 휘두른다는 식으로 비판한 글을 읽었다. 하고 싶은 말이 많았지만 그 글에도 일리가 있기에 입을 다물고 자성의 기회로 삼았다. 앞으로 좀더 겸손하고 온유한 글쓰기로 페이스북 친구들과 소통하고 싶다. 2016.05.19

직업 소명?

미국 이민 교회에서 청년부 담당 전도사로 봉사할 때 결혼해서 가정을 꾸린 한 청년이 했던 말이 30년이 지난 지금도 잊히지 않는다. 나는 교회에서만 신자가 아니라 세상에서도 그리스도인답게 살아야 한다고 열변을 토했다. 그러자 그 청년은 어떻게 그런 삶을 살 수 있느냐고 정면으로 내 말을 반박했다. 교회와 세상에서의 삶은 이중적일 수밖에 없다는 것이다. 당시 나는 그 청년이 신앙의 기본도 모르는 한심한 친구라고 생각했다. 그런데 그렇게 비위에 거슬렸던 말이 세상 풍파를 조금 더 거치고 난 지금에 와서 다시 생각나는 이유는 무엇일까?

종교개혁 전통에서는 이 세상 직업도 소명이라고 말한다. 그리스도인들은 직업을 통해 모든 영역에서 하나님의 주권을 수립하는 일로 부름받았다는 의미다. 나는 젊은 날, 개혁주의가 말하는 이와 같은 하나님 나라 비전을 열렬하게 추구했다. 지금도 그 입장을 따르는 데는 변화가 없다. 그럼에도 많은 경우 교인들에게 직업이 밥벌이 수단 외에 어떤 의미가 있는지 고민하게 된다(물론 의미를 충분히 찾을 수 있는 직업도 있다). 하나님 나라를 위한 직업 소명이라는 말은 신학의 상아탑에서는 멋진 슬로건이 될 수도 있다. 그러나 천민자본주의가 지배하는 이 사회의 냉혹한 현실 속에서 생존을 위해 몸부림치는 교인들에게는 배부른 소리에 불과할지도 모른다.

살벌한 경쟁 체제 속에서 모든 기업은 이윤 극대화와 사업 확장이라는 목적 달성을 위한 도구로 직원들을 혹사한다. 살인적 경쟁률을 뚫고 대기업에 입사해도 언제 퇴근할지도 모른 채 밤늦도록 회사에 충성해야 한다. 구조 악과 모순으로 뒤엉켜 있는 이 사회 속에서 악바리 같지 못한 신자들은 밥 벌어먹기조차 버거운 삶을 산다. 매일 이런 냉혹한 현실을 직면하는 교인들에게 하나님 나라의 소명이라는 대의명분은 실현 가능성 없이 무거운 짐으로만 느껴질 수 있다.

교인들이 세상 속에서 하나님 나라의 증인으로 살기 위해 교회는 어떻게 가르치고 훈련해야 하는가? 이에 대한 숙성된 가이드가 절실하다. 교인들의 실존적 고뇌와 우리 사회 현실에 대한 분석을 다각도로 깊이 있게 연구할 필요가 있다. 2016.05.20

막글

누가 나에게 글을 잘 쓴다고 하면 부끄럽기 짝이 없다. 내 글은 '막글'이라고 하는 게 적절하다. 한글이 수난당할 정도로 글쓰기의 기본도 갖추지 못한 채 막 쓴 글이기 때문이다. 나는 글쓰기를 배운 적이 한 번도 없다. 학교 다닐 때 국어 시간을 특별히 싫어했고 중고등학교 6년을 거의 놀아 버렸다. 공과대학을 다닌 4년 동안 제대로 된 글 한 번 써 본 적이 없다. 그리고 미국으로 이민 가서 15년간 신학 공부를 영어로 했으니 한글로 글을 쓸 기회라곤 이민 교회에서 설교문을 작성할 때뿐이었다.

한국에 나와 신학교에서 가르치면서 처음으로 한글로 논문을 썼는데 교정해 준 이가 내 글은 한글이 아니라고 했다. 어떤 목사는 내 논문을 두 번 읽었는데도 무슨 말인지 도통 이해할 수 없었다고 했다. 내 조교에게까지 글을 잘 못 쓴다는 구박을 받기도 했다(임○○ 선교사는 회개하라!). 지금 돌아보니 그런 지적이 그때는 기분 나빴지만 나에게 양약이 되었다.

글 쓰는 재주가 없어 책을 낼 엄두를 못 냈다. 그러다 55살이 돼서야 교수 승진을 위해 어쩔 수 없이 첫 번째 책을 썼다. 그 후 용감하게 막글을 쓰기 시작해 오늘에 이르렀다. 내가 쓴 『일그러진 성령의 얼굴』[IVP] 같은 책은 신학적 내용을 담았음에도 대중적으로 널리 읽혔다. 내가 그런 책을 쓸 수 있을 거라고는 생각도 못했는데 참 신기한 일이다. 주님의 은혜이며 독자들의 긍휼인 것 같다. 이런 막글을 읽어 주시는 분들에게 감사할 따름이다.

이런 이야기를 하는 이유는 글쓰기 재능이 없다고 생각하는 분들이 조금이라도 위로를 받았으면 하는 바람에서다. 조금이라도 일찍부터 꾸준히 글쓰기 훈련을 하면 상당한 진전이 있을 것이다. 치열하게 사고하고 열심히 독서하여 지식과 인품과 경륜이 쌓일수록 우리 마음에 가득한 것이 자연스럽게 흘러나올 것이다. 경험상, 좋은 글은 마음에 가득한 것을 뿜어내지 않고는 견딜 수 없는 심령의 압박을 느낄 때 나오는 것 같다. 2016.05.25

"24시간 주님을 바라보자"

"24시간 주님을 바라보자." 선한목자교회 유기성 목사가 강조하는 영성의 핵심이 이 말에 고스란히 녹아 있다. 여기에는 매 순간 주님의 임재를 의식하며 살고 싶은 목마름이 절절히 배어 있다. 어떻게 보면 아주 단순하고 또 다르게 보면 상당히 비현실적인 듯한 슬로건이 지금도 교인들에게 먹힌다는 것이 참 신기하다. 그 교회로 많은 사람이 모여들 뿐 아니라 그런 신앙을 추구하고 실천하려는 이들도 늘고 있다. 유기성 목사가 시작한 '영성일기 세미나' 또한 호응이 좋고 그가 쓴 '나는 죽고 예수로 사는' 책 시리즈는 출간되는 족족 베스트셀러가 된다. 참 고무적이고 감사한 일이다.

17세기의 수도사 로렌스 수사Brother Lawrence가 쓴 고전 『하나님의 임재 연습』브니엘은 수많은 사람에게 사랑받으면서도 막상 실천하려면 자괴감을 안겨주는 책이었다. 그런데 오래전 한 수도사에게나 가능했던 탁월한 영성을 첨단과학 시대, 정보화 시대인 21세기에, 그것도 헬조선이라고 불리는 한국 사회에서 다시 부흥시키고 있다는 것이 놀랍다. 더욱이 한량처럼 보이는 수도원의 수도사들이 아닌, 각박하고 냉혹한 정글과도 같은 경쟁 사회에서 생존을 위해 몸부림치는 이들이 이런 운동에 적극적으로 참여한다는 점이 매우 특이하다. 이런 운동이 침체된 한국 교회에 영적 활력을 불어넣어 주면 좋겠다.

언제부턴지 모르지만, 이런 고전적 영성을 개인주의적이며 유아기적 신앙으로 냉소하는 경향이 있다. 아마 이웃과 사회의 불행과 안녕은 아랑곳하지 않고 개인의 구원과 영혼의 잘됨만 추구하는 영적 이기주의에 대한 반작용일 것이다. 이런 저항 의식은 정당하며 필요하다. 그러나 구원의 거대 담론을 논하며 국가와 사회정의에 대한 폭넓은 관심을 가진 것이 양식 있는 자의 표징인 양 은근한 자부심을 드러내는 반면 개인 구원과 성화를 다루는 고전적 영성을 조소하는 것은 바람직하지 못하다.

한국 교회의 영적 침체로 교인들의 영성과 성화도 바닥을 치고 있는 상황에서 영성의 부흥은 무엇보다 중요하다. 24시간 주님을 바라보며 주님의 임재 가운데 사는 코람데오 Coram Deo의 영성이 내재된 사람들이 사회정의와 교회 개혁에도 앞장서는 것만큼 바람직한 일도 없을 것이다. 그것이 성령 안에서 균형을 이룬 신앙이다. 삼위 하나님의 임재에 깊이 뿌리내린 영성은 그리스도 안에서 온 세상을 새롭게 하시려는 삼위 하나님과 한마음, 한뜻이 되어 하나님의 우주적 갱신 사역에 투신하는 깊이와 넓이를 가진 신앙이다. 2016.06.03

팍스 핸드포나 시대?

지금까지 핸드폰 없이 지내도 나 자신은 크게 불편한

점이 없었다. 다른 이들에게 불편을 끼쳐 미안할 따름이다. 그런데 이 사회가 핸드폰 없는 사람을 점점 소외시킨다. 모든 종류의 거래와 공적인 문서에 핸드폰 번호를 쓰도록 요구한다. 핸드폰 번호가 없으면 온라인 사이트에 회원 가입조차 할 수 없다. 무엇보다 핸드폰이 없다고 하면 기이한 사람으로 쳐다보는 눈빛이 더 소외감을 안겨 준다. 모든 것이 핸드폰으로 통하고 해결되는 '팍스 핸드포나 시대'가 도래한 것 같다. 현대 문화에 뒤처진(좋게 말하면 저항하는) 소수 구닥다리 인생을 너무 차별하지 마시라. 2016.06.10

부목사와 담임목사

'부목사가 담임목사보다 설교를 잘하면 안 된다'는 말이 있다. 지금도 교회에서는 이런 괴담이 불문율처럼 작용한다. 부목사가 담임목사보다 설교를 잘해 교인들의 마음을 얻고 그들에게 사랑과 존경을 받으면 담임목사는 사울처럼 시기심의 화신으로 돌변한다. 결국 그 부목사는 교회에 오래 붙어 있지 못한다. 그러나 그런 담임목사를 비열한 인간이라고 쉽게 비난하지는 말아야 한다. 그렇게 비판하는 이도 그 자리에 가면 별수 없이 그렇게 될지 모른다. 이런 시기심에서 자유로울 수 있는 사람이 얼마나 될까?

나도 원래 명예와 인기에 대한 욕심이 많아 항상 내 존재가 부각되어야 행복했다. 내가 가장 인기 있는 교수여야 했고 내 자리를 밀고 들어온다고 생각되는 이를 은근히 경계했다. 그러니 다른 사람의 잘됨을 진심으로 기뻐하지 못했다. 그게 나를 불행하게 했다. 이제는 나이가 들어서 부패성이 한풀 꺾인 것인지, 별 승산이 없으니 자포자기한 것인지 모르겠으나, 주님의 긍휼이 내 안에 좀더 많이 머무는 것 같다. 이제는 젊은 교수들이 잘되는 것을 보아도 별로 배 아프지 않다. 그들이 잘되기를 바라는 마음까지 조금씩 생긴다. 나로서는 대단한 변화다.

우리 교회에서는 나의 제자인 목사들과 내가 돌아가며 설교를 한다. 어떤 교인들은 내 설교보다 그들의 설교를 더 듣기 편해한다. 자칫 내 기분이 상할 수도 있지만 내가 못하는 부분을 제자들이 채워 주니 감사하고 흐뭇하다. 나는 그들이 마음껏 설교하고 사역할 수 있도록 일체 간섭하지 않는다. 자유로워지니 나도 편하다. 그렇지 않고 제자들이 잘하는 것을 보며 배 아파한다면 나 자신이 얼마나 비참하고 비루한 존재가 되겠는가? 그 지경까지 추락하지 않게 하신 주님의 은혜에 감사할 따름이다.

이런 마음의 자유가 어떻게 올 수 있었는지 곰곰이 생각해 보니, 결국 사랑이 시기를 서서히 밀어낸 것 같다. 주님의 교회를 사랑하고 교인들이 잘되기 바라는 마음에는 시기가 들어올 자리가 없다. 제자들을 사랑하면 그들이 잘되기를 당연히 바라게 된다.

나 자신이 교인들의 평판과 인기에 별로 개의치 않게 된 것도 한 가지 요인인 듯하다. 교만하게 들릴 수 있지만 나는 아직 내 설교와 사역에 자신이 있다. 나는 교인들이 환호하지 않을지라도 내가 생각하는 정도正道를 가려고 한다. 우리는 자신감이 없을 때 상대에게 위협을 느끼고 시기하게 된다는 점도 유의해야 한다.

교인들도 사려 깊은 성숙한 태도로 교역자들을 대하면 좋겠다. 교역자를 비교하고 특정한 사람을 눈에 띄게 환호함으로써 교회 내 보이지 않는 경쟁과 갈등을 조장하지 않도록 조심해야 한다. 교역자들마다 특색이 있고 장점이 다를 뿐 아니라 연약한 인간이라는 점을 기억해야 한다. 그러니 뛰어난 교역자를 너무 부풀리지 않아야 하고 부족한 이들은 격려해 주어야 한다. 그래야 교회가 아름다운 조화를 이룰 수 있다. 2016.06.23

뽀빠이 교수와 건방진 학생

1985년, 미국 칼빈 신학교에서 공부할 때의 일이다. 신학교 건물 실내에 들어서는 순간 담배 냄새가 코를 찔렀다. 당시 칼빈 신학교에는 교수부터 학생들까지 애연가들이 많았다. 내 주임교수 프레드 클루스터도 파이프 담배를 즐겨 그를 보면 담뱃대를 문 뽀빠이가 떠올랐다. 그런데 흡연을 죄악시하는 경향이 있는 한국 학생들이 일부 있다는 것을 알고 그 교수는 휴게실에서 파이프를 물고 있다가도 한국 학생이 나타나면 재빨리 파이프를 책상 밑으로 숨기곤 하셨다. 내 앞에서는 그러지 않으셔도 된다고 말씀드렸는데 내가 지나가도 파이프를 감추셨다. 그런 노교수의 모습이 애잔했다.

그런데 어느 날, 한국 학생 중 한 명이 그 교수를 찾아가 어떻게 신학 교수나 되는 사람이 담배도 끊지 못하느냐고 닦아세웠다. 그것도 모자라 "나는 당신이 거듭나지 않았다고 본다"고 정죄까지 했다. 무례하고 오만방자한 언사를 듣고도 노교수는 내가 오래된 습관을 끊지 못해서 그런다고 사과했다. 2016.06.24

내가 사모하는 설교자

요즘 어떤 목사의 설교를 자주 듣고 있다. 그 목사의 강해가 특별하거나 내가 모르는 바를 전하는 것은 아니다. 그의 언변이 특별히 뛰어나거나 기교가 있는 것도 아니다. 그의 말은 느리고 시원찮다. 그런데도 내가 그의 설교에 끌리는 이유는 다른 설교자들, 특별히 나에게 없는 것이 그에게는 있기 때문이다. 그것은 하나님께 길들여져 온화해진 모습이 설교를 통해 전달된다는 점이다.

그의 말과 억양뿐 아니라, 그의 인상이 전달하는 메시지는 오랜 세월 성령에 의해 다듬어진 겸손하고 온유한 인격을 드러낸다. 그 자체가 하나의 메시지다. 뛰어난 웅변이나 기발한 설교로는 창출해 낼 수 없는 신비로운 것이다. 그의 설교에는 은근한 자기과시와 뽐냄, 경솔함과 조급함, 무례함과 열정을 가장한 혈기 넘치는 모습이 좀처럼 드러나지 않는다.

이것이 요즘 나를 비롯한 설교자들에게 가장 결여된 점이다. 설교를 잘한다고 하는 사람의 설교에서도 성령께 굴복되지 않은 뻣뻣한 자아가 드러난다. 그런 설교는 듣기에 거북하다. 자기과시와 자기 확장에 영특했던 육신이 성령께

길들여져 십자가에 온전히 못 박힐 때, 십자가에 못 박히신 주님을 오롯이 드러낼 수 있다. 2016.06.29

작은 교회로 떠나세요

이번 일요일에 분당우리교회에서 설교했다. 이 교회는 학교 강당을 빌려 예배 공간으로 쓰고 있는데, 공간이 작아 하루에 꼬박 5번 설교를 해야 하는 이찬수 목사의 고충을 고스란히 체감하는 시간이었다.

교회 분위기는 역동적이었다. 평소 귀한 말씀을 사모하며 들어서인지 교인들이 설교를 진지하게 경청하는 모습도 인상적이었다. 후덕하게 생긴 이 목사와는 달리 날카롭고 신경질적으로 생긴 목사가 나타나 무겁고 딱딱한 설교로 교인들에게 부담을 준 것은 아닌지 모르겠다.

나는 교회에서 잘 양육받고 작은 교회로 떠나라고 했다. 겨우 좋은 교회를 찾아 안착한 분들은 많이 불편했을 것이다. 초빙 설교자가 구태여 그런 말을 할 필요는 없는데 분당우리교회가 '일만 성도 파송 운동'을 한다기에 힘을 얻어 한마디 했다. 이런 말을 할 수 있는 교회가 있다는 것이 그나마 다행이다. 다음은 설교 말미에 내가 한 말이다.

분당우리교회는 무한 대형화를 추구하는 성장 제일주의에 저항하는 스피릿이 살아 있을 것이라고 믿습니다. 이 스피릿이 구체화된 행동으로 나타나야 합니다. 이 교회가 작은 교회들을 섬기는 귀한 사역을 하고 있다고 들었습니다. 또 일만 성도 파송 운동을 하고 있는 것을 압니다. 참 잘하시는 일입니다.

성도님들, 이 교회에서 잘 양육받으셔서 이곳에 편하게 안주하지 마시고 좀 불편하더라도 작고 열악한 교회로 떠나시면 좋겠습니다. 작은 교회 중에도 좋은 교회들이 있습니다. 작은 교회는 섬기는 이들이 절실히 필요합니다. 그러나 사람들이 작은 교회는 찾지 않습니다. 작은 교회는 죽어 가고 대형교회로만 쏠리는 것은 결코 건강한 현상이 아니며 나중에는 대형교회도 사라지게 될 것입니다. 그러면 공멸하게 되는 거지요. 대형교회는 이제 선교사를 파송하듯이 교인들을 작은 교회로 보내 지역 교회를 살리는 일을 해야 합니다. 그것이 지역 교회를 균등하게 살리는 길이며 더 나아가 한국 교회에 희망과 부활의 생기를 불어넣는 길입니다. 2016.07.19

들으라 부한 자들아

삼성 이건희 회장의 성매매 의혹이 담긴 동영상을 보았다. 자본주의사회에서 돈의 위력이 점점 막강해짐을 느낀다. 맘몬이라는 신이야말로 전능한 것 같다. 돈만 있으면 안 되는 것이 없다. 맘몬 신은 하나님도 주지 못하는 권력과 부귀와 쾌락을 준다. 그러나 그와 동시에 고귀한 인간성을 쓰레기처럼 완전히 꾸겨 버린다.

우리 사회의 정치인, 법조인, 재벌, 목사까지도 맘몬 신에 헌신하다가 추하게 망가지는 꼴을 자주 본다. 하나님은 맘몬 신처럼 우리에게 권력과 부귀와 쾌락을 선사하지는 못하나 아름다운 인간의 형상을 되돌려 주신다.

> 들으라 부한 자들아. 너희에게 임할 고생으로 말미암아 울고 통곡하라. 너희 재물은 썩었고 너희 옷은 좀먹었으며 너희 금과 은은 녹이 슬었으니 이 녹이 너희에게 증거가 되며 불같이 너희 살을 먹으리라. 너희가 말세에 재물을 쌓았도다.
> 약 5:1-3

말세에 부를 추구하는 자들, 하나님과 맘몬 신을 동시

에 섬기는 사람들은 그 부가 그들의 인간성을 좀먹고 있다는 것을 기억하라. 2016.07.22

만나서 편한 사람

내가 만나는 사람들은 주로 목사와 신학생, 교인들이다. 신앙이 없는 분과 만나 긴 대화를 나눠 본 적이 별로 없다. 오늘 특별한 일이 있어 신앙이 없는 분을 만나 3시간 반 동안 대화를 나눴다. 생각했던 것보다 대화가 잘 통했다.

목사와 교인들 중에는 도무지 그 속을 알 수 없어 상대하기 피곤하고 갑갑한 이들이 있다. 그러나 오늘 만난 이방인은 복잡하게 자신의 속을 감추지 않으니 대하기 편하고 금세 친숙해졌다. 애주가이신데 내가 목사인 것을 의식해서 식사하면서 함께 나온 포도주 대신 주스를 가져다 달라고 했다. 괜찮으니 드시라고 한 잔 따라 드렸다. 나도 예수 믿기 전에는 술을 많이 마셨는데 이제는 목사라서 사람들 눈치 보느라 못 마신다고 했더니 통하는 데가 있다고 좋아하신다. 예수 믿은 후 세상 친구들과는 연락이 모두 끊겼는데 앞으로는 이방인들과의 교제 폭을 넓혀야 할 모양이다. 2016.07.26

● 면목이
없습니다

한 목사의 성범죄 소식을 접하고 할 말을 잃었다. 그가 내가 속한 교단의 목사이며 내가 가르치고 있는 학교 출신이라는 사실 때문에 더욱 그렇다. 1997년 가을에 이 학교에 부임했을 때 그는 3학년이었다. 나는 2학년을 가르쳐 그를 전혀 몰랐다. 그렇지만 그가 속한 교단 신학교 교수로서 책임을 통감하며 사죄를 빌어야 할 입장임을 깊이 인식한다. 면목이 없다.

그의 죄는 인간의 연약함에서 비롯한 실수의 차원을 훨씬 넘어선 중죄다. 이제 어떻게 수습하느냐가 중요하다. 그 목사가 소속된 노회가 이 문제를 어떻게 처리하느냐에 귀추를 주목할 것이다. 지금까지 다른 교단과 노회가 성범죄에 대처한 행태를 답습하지 않는 다른 모습을 보여 주기 바란다. 2016.08.04

● 유명해지려는
욕망

한 심리학자가 사람의 야망과 성욕은 비례한다고 했다.

이것을 성경적 개념으로 변환시키면 대개 남자들의 경우, 육신의 헛된 야망과 음란한 욕구가 맞물리는 것 같다. 야망이 큰 만큼 그의 영혼은 공허하고, 공허함을 짜릿한 자극으로 채우지 않으면 견딜 수 없는 것이다.

나는 목사든 신학자든 유명해지려는 욕망에서 자유로운 사람을 거의 보지 못했다. 대부분 굶주린 인정 욕구를 채우기에 허덕이고 있다. 우리가 하는 모든 일 저변에 이 욕구가 강하게 작용한다. 페이스북만 봐도 금세 감지할 수 있다. 비판과 흠잡기에는 능숙하지만 넉넉한 인정과 칭찬에는 유난히 인색하고 야박한 사람들로부터 좋은 평판을 얻어 내기가 그리 쉽지 않다.

나같이 가방끈이 좀 길거나 경건의 코스프레를 그럴싸하게 하는 이들은 욕망을 고상하게 포장하고 있을 뿐 크게 다르지 않다. 우리는 이 욕망 안에 도사리고 있는 음란의 덫에 걸릴 위험을 안고 살아간다. 유명해지려는 욕망에서 자유롭지 못한 우리는 모두 잠재적 범죄자들이다. 그러니 인기에 대한 목마름과 인정 중독증을 겸손하게 직시하고 늘 주님의 자비를 구하는 수밖에 없다. 2016.08.05

아내의 생일

오늘은 아내의 생일이다. 지금까지 살면서 아내 생일을 제대로 챙겨 준 적이 없다. 더 늙어서 아내에게 구박받지 않기 위해 지금부터라도 신경을 써야겠다 싶어, 강의 준비를 해야 해서 시간이 많지 않음에도 큰맘 먹고 아내에게 외식을 하자고 했다.

그런데 내 사정을 알아챈 아내가 집에서 먹자고 한다. 그러면서 한마디 던진다. "매일매일이 내 생일인데 뭐!" 남편이 생일을 잘 챙겨 주지 않는데도 이런 마음을 품는 아내가 존경스럽다.

생일에 아무것도 안 해 주면서도 아내가 이렇게 느끼도록 해 주는 남편은 위대한가 아니면 싸가지가 없는가? 아내의 한마디가 싸가지 없는 남편을 위대한 남편으로 둔갑시키는 신비한 위력을 지닌 듯하다. 2016.08.30

김영란법 시행

오늘부터 김영란법(부정청탁 및 금품 등 수수의 금지에 관한 법률)이 시행된다. 스승의 날이나 사은회 같은 행사가 있을 때 일절 선물을 받으면 안 되고, 평소에도 학생들에게 식사는 물론 차 한 잔도 얻어먹어서는 안 된다고 연락이 왔다. 가난한 신학생들에게 선물을 받는 것이 항상 부담스러웠는데 참 잘된 일이다.

나는 지금까지 제자들이 담임목사가 되기 전까지는 식사 대접을 받지 않는다는 나름의 규칙을 만들어 지켜 왔다. 물론 부득이하게 예외도 있었지만 이 규칙에 충실하려고 노력했다. 이런 입장에서 보자면, 우리 사회에 만연한 부정 청탁과 금품 수수를 근절하기 위해 이런 법 시행이 불가피하다는 점에 충분히 공감한다. 다만 부패한 인간들 때문에 정겨운 관계에서까지 처벌과 규제의 대상이 아닌지 일일이 따지며 몸을 사려야 하는 것은 좀 서글프다. 이런 법 없이도 인간의 기본 양식을 따르는 선량한 시민이 주를 이루는 사회가 도래한다면 얼마나 좋을까? 2016.09.28

합동 총회 유감

예장 합동 총회가 전병욱 목사의 성추행 의혹에 대한 재판을 열지 않기로 최종 결의했다. 이 과정에서 어떤 목사는 사람이 죄를 지은 것 가지고 하나님을 욕되게 해서는 안 된다고 했고, 또 다른 목사는 교단에 대한 좋은 소문만 퍼질 수 있도록 노력해 달라고 했다. 참으로 해괴한 발상이다. 이번 결정과 그들이 한 발언이 하나님의 이름을 욕되게 하며, 교단 이미지를 훼손한다는 뻔한 사실을 정녕 그들은 모른단 말인가?

이번 결정은 교회 지도자들의 영적 둔감성과 도덕적 해이를 여실히 드러냈다. 한국 교회가 자정 능력을 잃었음을 구체적으로 입증한 사건이기도 하다. 쇠락하는 한국 교회의 어두운 단면을 보는 듯하여 가슴이 아리다. 2016.09.30

위대한 신앙인들

소위 평신도라고 칭하는 평범한 신자들이 점점 귀해

보인다(나는 평신도라는 표현은 적절하지 않다고 생각한다). 살벌한 경쟁 사회에서 그리스도인으로 산다는 것은 아프리카 정글에서 선교하는 것보다 더 힘들 것이다.

목사들 중에는 그렇게 살 자신이 없어서 목사가 된 나 같은 사람도 있을 것이다. 목사나 선교사로 부름받았다고 말하는 것이 사실은 현실 도피인 경우도 적잖을 것이다. 전에 어떤 목사가 "목사라도 시켜 줘야 열심히 신앙생활을 할 것 같아서 하나님이 나를 목사가 되게 하신 것 같다"고 했다. 내 얘기를 하는 것 같아 공감되었다.

그러니 목사는 지옥 같은 세상에서 고군분투하는 교인들 앞에서 항상 겸손해야 한다. 자신은 대단한 믿음이라도 가진 것처럼 교인들을 믿음 없다고 다그치지 말아야 한다. 이런 짓을 잘하는 나에게 하는 말이다.

교인들은 세상에서 힘들게 사는데 이들을 섬기기 위해 교회에서 사례를 받고 사는 목사들이 타성에 젖어 게으르게 일하는 것은 직무유기다. 그것은 자신이 받은 삯만큼이라도 일하는 삯꾼 목사 역할도 못하는 것이다.

나는 교인들에게 신자답게 살아야 한다고 너무 쉽게 말하는 것 같다. 목사는 영광스러운 하나님 나라와 암울한 이 땅을 지혜롭게 연결하는 메신저다. 설교자는 성경에 능통할 뿐 아니라 세상이 얼마나 험하고 각박한지, 교인들이 현실에서 어떤 어려움을 겪는지 깊이 알아야 한다. 그리스도인 치고 바로 살기를 원치 않는 사람이 어디 있겠는가? 그렇게 살지 못해서 자신들도 안타까운 것이다. 교인들에게는 올바로 살라는 너무도 뻔한 이야기가 아니라 그렇게 살 수 있는 원동력, 위로부터 임하는 능력과 은혜를 전하고 공급해 주는 것이 필요하다. 2016.10.06

최순실 사태를 접하며

정신과 의사이자 신학자인 스캇 펙 M. Scott Peck 은 『거짓의 사람들』비전과리더십이라는 책에서 인간의 악마성이 어떻게 드러나는지 임상 사례를 들어 폭로했다. 우리 사회가 돌아가는 꼴을 보니 이 책이 생각난다. 인간이기를 포기한 잡것들이 뻔뻔한 얼굴을 치켜들고 국민을 우롱한다. 이런 자들을 처단해야 할 권세 잡은 자들이 한통속이니 백성들의 시름과 탄식은 깊어만 간다. 거짓과 술수가 난무한 이 나라를 위한 기도가 절로 나온다. 이 땅에 가득한 신음소리가 하늘을 찌르며 심판자의 신원하심을 재촉하는 듯하다. 2016.10.14

작은 이들의 큰 구원

"설교를 그렇게 많이 듣고, 기도를 그렇게 많이 하고, 독서도 그렇게 많이 하는데, 삶은 왜 그 모양이냐?"라는 비난들이 신자들을 향해서 쏟아집니다. 작금의 우리의 꼴을 그 무엇으로 변명할 수 있겠습니까마는, 저는 그것이라도 붙잡고 있었기에 이 만큼의 자리까지 온 것은 아닐까 하는 생각을 해 봅니다.…그것마저 없었다면, 우리는 괴물 수준으로 전락했을 존재들입니다. 세상이 쏟아 놓는 욕과 비난을 통해서도 우리의 객관적 모습을 살피되, 우리의 복된 전통과 습관도 끝까지 간직하십시다.

페이스북 친구 김관성 목사님의 글이다. 깊이 공감된다. 이 글을 읽으며 실용주의 철학자 윌리엄 제임스 William James 의 역작 『종교적 경험의 다양성』한길사에 등장하는 한 대목이 생각났다. 그는 신앙이나 종교체험을 통해 어떤 사람에게 나타나는 변화는 객관적 덕이나 윤리적 기준으로 볼 때 아주 미미해 보일지라도 그 사람 자신에게는 놀라운 변화일 수 있다고 했다. 다른 사람이 보기에는 시원찮은 변화지만 당사자에게는 위대한 구원일 수 있다는 점을 간과해서는 안 된다는 말이다. 만약 그 사람에게 그런 변화라도 없었다면 그는 훨씬 더 형편없는 인간이 되었을 것이다.

우리는 각기 다른 죄의 전력과 기질과 배경을 가진 신자들에게 획일화된 윤리적 잣대를 들이밀며 상대의 신앙의 결과물을 섣불리 재단하지 않아야 한다. 신앙생활을 하지 않는 분들 중에도 덕망 있고 겸손하며 평생 화 한번 내지 않는 이가 있다. 그런 사람에 비하면 하나님을 섬기면서도 툭하면 혈기를 참지 못하고 폭발하는 신자들은 한심하기 짝이 없어 보인다. 그럼에도 그가 신앙을 갖기 전 하루 10번 폭발하던 것이 두세 번으로 줄었다면 그 사람 자신에게는 기적과 같은 변화가 일어난 것이다. 예수를 믿고 단번에 변화되는 경우도 있지만 나쁜 기질과 성향을 타고났고 오랜 세월 그 기질대로 살아온 사람은 은혜를 많이 받아도 쉽게 변하지 않는다. 대개 나쁜 습관과 기질을 고치는 데 평생이 걸리고 같은 과오를 수없이 반복하며 조금씩 변화된다.

바울이 고린도 교회에 보낸 서신에서 말했듯이 고전1:26-29 하나님은 세상 기준에도 한참 미치지 못하는 사람들을 즐겨 택하신다(늘 그렇지는 않다). 그래서 오직 하나님의 은혜만을 자랑하게 하신다. 이런 사람들이 하나님의 은혜로 놀랍게 변화되면 좋지만, 원래 자질이 좋지 않은데다가 성령을 거스르는 완고함까지 뛰어나니 변화하기 쉽지 않다. 성령은 우리를 자유로운 인격자로 존중하시기에 우리의 팔을 비틀어 바꾸지 않으신다. 우리 몸에 밴 옛 자아의 습성대로 살려는 미련과 끌림에서 벗어나지 못해 계속 저질러 버리는 옛 사람의 배설을 한없는 온유와 인자로 감내하며 기다리신다. 성령의 오래 참으시는 사랑이 비록 세상이 보기에는 미미하지만 자신 안에 선한 능력이 전혀 없는 비천하고 가련한 죄인들에게는 위대한 변화와 구원의 기적을 계속 일으킨다. 2016.10.21

설교 전과 후

교회 사역을 마치고 서울에서 천안으로 내려오면서 아내와 긴 대화를 나누었다. 아내는 내가 그동안 고난과 연단을 받아 정말 많이 변했다고 했다. 위로가 되는 말이었다. 그래서 아내에게 물었다. "당신이 객관적으로 볼 때 나에게 아직도 처리되어야 할 부분이 무엇인 것 같아요?" 아내는 이제는 특별히 그런 것이 보이지 않는다고 했다. 덧붙여 특별히 설교 전후의 내 태도가 달라졌다고 한다. 전에는 설교하기 전에 주님의 은혜를 겸허하게 구하다가도, 설교를 잘하고 내려오면 내 태도가 확 변했다는 것이다. 으스대며 교만해진 모습이 역력하게 드러나 흠칫 놀라곤 했는데 이제는 설교하기 전이나 후나 내 태도가 별로 다르지 않다고 했다.

은혜를 구할 때는 겸비해지나 은혜를 받으면 도도해진다. 모자란 사람은 은혜를 받으면 부풀어 오르고 교만해진다. 꼴불견을 오래 봐주느라 힘들었을 아내에게 미안하면서도, 한심한 인간을 오래 참아 주신 주님께 진심으로 감사를 드린다. 2016.10.23

아직도 안보 타령?

아직도 국가 안보 운운하며 신뢰와 도덕성이 완전히 무너진 정권을 옹호하는 그리스도인이 있다. 개탄할 일이다. 아이들을 지키지 못하고 자신의 자리도 지키지 못한 지도자와 정권이 이 나라를 지키기를 바라는 맹신을 어떻게 이해해야 할까?

정의에 대항하는 불의가 이 땅에 드러날 때, 전능하신 하나님이 이 나라를 지키실 거라는 믿음은 어디에 내팽개쳤는가? 이 나라는 하나님이 지키신다. 북한의 위협에 대한 염려는 붙들어 매시라. 대신 하나님의 뜻을 받들어 불의를 미

워하고 정의가 이 땅에 강물처럼 흐르도록 힘쓰시라. 2016.10.29

진실을 호도하지 말라

　최순실의 죄는 심각하고 중대하다. 국정을 농단하고 국가의 근간을 뒤흔들며 온 국민을 우롱한 천인공노할 죄다. 이런 죄인이 제 발로 한국에 들어왔는데 검찰이 연행하지도 않고 그대로 놔주었다. 증거를 인멸하고 죄를 은폐할 만반의 준비를 갖추도록 특별 배려라도 한 것인가? 이렇게 해 놓고 무슨 수사를 한다는 말인가? 서로 입 맞추고 작당하여 전 국민을 상대로 또다시 간교한 조작극을 벌이려고 하는 모양인데, 그것은 스스로 파멸의 구덩이를 파는 것이다. 이제는 국민이 호락호락 봐주지 않을 것이다. 모든 것이 까발려진 지금이라도 손들고 모든 죄를 시인하면 국민의 분노가 조금이라도 누그러지겠지만, 진실을 호도하면 국민의 진노는 걷잡을 수 없이 커져 그들을 완전히 삼켜 버릴 것이다. 2016.10.30

대통령의 대국민 사과

　진실한 사죄일수록 감정에 호소하는 것은 최대한 자제하고 잘못의 실체를 구체적으로 밝히고 인정하며 분명하게 책임지는 자세를 보여야 한다. 대통령의 대국민 사과에 이런 내용은 모조리 빠졌다. '죄송하다', '잘못했다'는 말만 던짐으로써 마지막 진실성마저 보이지 않았다. 자신의 책임이며 국민들에게 죄송하다는 말을 연발하면서도, 측근의 비리를 제대로 단속하지 못한 수준으로 교묘히 선을 그었고, 책임 회피와 자기 합리화로만 가득 채웠다. 겉과 속이 너무 다르다.

　필요하다면 자신도 특검을 받겠다는 말은 방어선을 치면서 일종의 가이드라인을 제시하는 듯하다. 국민들은 이번 사건의 주체와 몸통이 그 자리에 그대로 있는 상황에서 진실이 제대로 규명될 수 있을지 의심하고 있다. 이번 사과에는 정권을 유지하겠다는 의지와 욕망이 강하게 반영되어 있다. 안보와 경제를 위해 한시도 국정 혼란과 공백을 초래할 수 없다는 것인데, 이런 식으로 가면 더 큰 혼란만 초래할 것이다. 2016.11.04

심판자는 존재한다

'하나님의 일식'^Eclipse of God^이라는 말이 있다. 일식 때 해가 가려져 어두워지듯이 세상에 공의의 하나님이 안 계신 것처럼 느껴지는 시기가 있다. 불의가 횡행하며 악인들이 득세하고 거짓과 술수가 난무하며 선량한 백성이 압제와 고통을 당하나 악에 대한 보응이나 심판이 전혀 나타나지 않는다. 그러니 사람들이 대범하게 악을 행한다. 손바닥으로 하늘을 가릴 수 있다고 생각하듯이 어떻게든 사람들만 속이면 악행과 거짓이 드러나지 않을 줄 안다. 모든 것을 밝히 드러내 엄중하게 심판하실 전능자가 계시다는 사실을 전혀 의식하지 못한다.

그럴 때면 신앙인마저 불의와 모순이 가득한 세상을 보면서 하나님이 세상을 공의롭게 다스리신다는 사실을 믿기 힘들어진다. 그러나 하나님은 압제받고 고통당하는 이들의 억울함과 탄원을 신원하시는 공의로운 재판관으로 이 땅을 다스리신다. 비록 그 심판이 무척 더딘 것 같지만 하나님은 절묘한 때에 불의한 자를 찾아가 호리도 남김없이 죄를 갚아 주신다.

어떤 사람에게 심판이 홀연 임하는 것처럼 보여도 그

것은 그가 오랫동안 심판받을 짓을 해 온 결과다. 하나님이 오래 참으시면서 회개의 기회를 충분히 주시지만, 악한 자들은 하나님의 인자하심을 멸시하고 악의 분량을 최대치로 채운다. 자신의 머리 위에 진노의 숯불을 잔뜩 쌓아 올린다. 그 위에 진노의 유황불이 떨어지는 것이다.

최후의 심판이 있기 전 하나님은 세미파이널 심판(최후의 심판을 부분적으로 앞당겨서 행하는 심판)을 자주 행하신다. 심판은 하나님이 이 땅에 팽배한 악의 세력을 꺾는 중요한 방편이다. 그러므로 하나님 나라가 임하기를 구하는 기도에는 하나님의 공의로운 심판에 대한 간구가 담긴다. 우리는 악인들이 회개하도록 기도함과 동시에 끝내 회개치 않는 자들에게는 하나님의 심판이 임하도록 간절히 기도해야 한다.

교회가 전하는 하나님 나라 복음 안에는 구원과 함께 심판의 메시지가 포함되어 있다. 지금은 교회가 심판을 선포해야 할 때다. 교회가 세상에 대한 심판을 외치기 전에 교회에 대한 심판이 먼저 시작된다는 말씀 앞에 두려움과 떨림으로 서야 한다. 오랫동안 한국 교회 지도자들과 교인들이 성령을 거스르며 죽을 짓을 한 데 대한 결산으로 하나님의 엄위한 심판이 도적같이 임할 것이다. 그때 큰 놀라움과 곡성이 있을 것이다. 2016.11.07

엎친 데 덮친 격

엎친 데 덮친다고 미국 대선까지 힘 빠지게 한다. 트럼프가 이길 확률이 아주 높다고 한다. 한때 미국 시민권자였던 사람으로서 걱정이 앞선다. 자국의 경제적 이익에 최고의 가치를 둔 트럼프의 공약이 미국 사람들의 숨은 이기주의에 잘 먹혀든 모양이다.

약소국가를 쥐어짜서라도 자국의 이익만을 챙기려는 장사꾼을 택함으로써 미국은 몰락의 길로 접어들 것이다. 도덕과 인격이 바닥인 막된 인간이 주도하는 미국의 독한 국수주의가 미국과 전 세계, 특별히 한국에 미칠 영향이 심히 염려된다. 이럴 때 한국에 가장 영민한 지도자가 있어야 하는데 그 반대이니 어찌해야 할까? 2016.11.09

좌파 딱지

부패 정권을 두둔하고 비호하는 이들이 오히려 불의를 비판하는 국민을 '종북 좌빨'로 몰고 있다. 정작 자신들이 이 나라를 온통 빨갛게 물들이는 장본인인지도 모른 채. 개중에 나에게까지 좌파 딱지를 붙이는 이들이 있다.

　나는 여당 편도 야당 편도 아니다. 나는 이 세상 정권에 크게 기대하지 않는다. 정부가 최소한의 기능만 해 주면 나까지 이렇게 떠들 필요가 없다. 본의 아니게 자랑처럼 들릴 수도 있지만, 이래 봬도 나는 미국으로 이민 가기 전 최전방에서 말단 소총수로 만 33개월간 군 복무를 했다. 영하 20도가 넘는 한겨울에 철책에서 발이 꽁꽁 얼어붙도록 밤새 보초를 섰다.

　이 정권에 분개하는 이들 중에 나 같은 이가 얼마나 많겠는가. 그들이 모조리 종북 좌빨인가? 나는 한국에 나와 미국 시민권을 포기하고 한국 국적을 선택하였다. 나는 미국보다 조국에 대한 애정이 더 깊다. 나 같은 이도 좌파로 몰아가는 나라인데도 말이다. 2016.11.11

위대한 국민들

　어제저녁, 광화문에서 열린 3차 촛불 집회에 시민 백만 명이 모였다. 그토록 많은 인파가 모였는데 큰 불상사 없이 질서 있고 평화롭게 집회를 마무리했다는 점이 참으로 놀랍다. 경찰과 대치한 상황에서 충돌을 막기 위해 맨 앞에 나선 사람들, 비폭력을 외치며 평화 집회를 독려한 시민들, 백만이 지나간 자리에 남은 쓰레기를 다 같이 치운 시민들의 행동이 어우러져 예술을 만들어 냈다. 끓어오르는 비애와 분노를 절제된 행동과 의사 표현으로 승화시켜 성숙한 시민의식의 극치를 보여 준 것이다.

나는 이런 국민들 속에서 조국의 희망을 보았다. 비록 못된 지도자를 만나 고통받고 있지만, 그것이 오히려 우리를 위대한 민족으로 빚는 밑거름 역할을 하고 있다. 지도자는 나라를 말아먹었어도 위대한 국민들이 나라를 다시 세울 것이다. 2016.11.13

거짓 선지자의 길을 조심하라

개혁주의는 이스라엘의 세 직분(왕과 제사장과 선지자)이 예수 그리스도 안에서 성취되었고 주님의 몸인 교회가 이 세 직분을 수행한다는 점을 강조해 왔다. 교회는 세상 정권을 위해 기도하는 제사장 직분에 충실해야 한다. 동시에 하나님으로부터 죄와 흑암의 권세를 제압하는 왕적 권위를 부여받은 교회로서 만왕의 왕이신 하나님의 공의를 거스르는 세상 왕들의 불의를 책망하는 선지자적 사명을 비겁하게 회피해서는 안 된다.

구약의 많은 선지자는 죄와 우상숭배에 빠진 왕들을 향해 날 선 비판을 발하는 사명을 수행하기 위해 목숨을 아끼지 않았다. 주님이 인정하신 가장 위대한 선지자, 세례 요한도 헤롯왕의 부도덕을 꾸짖다가 비참하게 목이 베였다. 온 나라를 뒤흔드는 불의를 보면서도 교회가 꾸짖지 못한다면 이는 선지자적 직무를 유기하는 것이다. 이 시대를 분별하지 못하는 눈먼 자가 되어 불의한 정권을 묵과하고 나아가 옹호하는 것은 주님이 무섭게 책망하신 짖지 못하는 개와 같은 거짓 선지자의 길을 가는 것이다.

이번 국정 농단 사태는 지도자가 사술 숭배자와 오래 연락하며 악한 영향을 받아, 온 나라와 국민을 도탄에 빠지게 한 심각한 범죄행위다. 아버지와 동생들이 박근혜와 최태민의 관계를 끊으려 했으나 당사자가 밀착된 관계를 고집스레 유지해 오다가 그의 딸 최순실에게까지 휘둘렸다. 국정원의 조사, 노태우 정부 민정수석실의 조사, 수많은 측근의 증언 등 증거가 차고 넘치는데도 눈을 감고 비호하는 것은 사고력과 상황 판단력이 정상이 아니라고 볼 수밖에 없다.

이런 지도자의 불의를 규탄하는 국민들을 종북 좌파로 모는 자들은 거짓 선지자의 길을 가는 자들이다. 이런 비상시국에 교회와 목사들은 제사장과 선지자의 직분에 충실함으로써 고통받는 국민의 마음을 어루만지고 상처를 싸매며 희망을 주어야 한다. 탄식하는 민족을 실망시켜서 오히려 완전히 등을 돌리게 만들어서는 안 된다.

사역자들은 만왕의 왕을 섬기며 그분의 공의로운 통치를 이 땅에 드러내고 실현하는 종으로 부름받았다. 그러므로 사람들의 눈치를 보며 몸을 사리거나 사람의 낯을 두려워해서는 안 된다. 북한의 위협과 국가 안보를 운운하며 불의한 정권을 두둔하는 유치하고 어리석은 선동은 일고의 가치도 없다.

분명히 기억하라. 이 나라는 하나님이 지키신다. 교회가 하나님이 기뻐하시는 공의의 길을 따를 때 하나님이 이 땅을 지키시고 축복하신다. 그러나 하나님이 혐오하시는 불의를 묵과하고 옹호할 때 이 나라는 위태로워진다. 이 땅을 지키시는 전능자가 그의 손을 거두시기 때문이다. 2016.11.15

대통령 탄핵 소추안 가결

어제 박근혜 대통령 탄핵 소추안이 국회에서 가결되

어, 대통령의 모든 직무가 정지되었다. 야당도 국민의 신임을 조금이라도 회복하려면 정신 바짝 차려야 한다. 국민들이 그대들 예뻐서 촛불 든 거 아니다. 야당이 제 역할을 너무도 못하니 거리로 나온 것이다. 촛불을 등에 업고 자기 실속이나 챙기려 하면 촛불은 당신들을 향할 것이다. 2016.12.10

예지력

아내가 나에게 예지력이 있는 것 같다고 한다. 내가 어떤 사람에 대해 한 말이 그대로 이루어진다는 것이다. 그래서 내가 무슨 말을 하는 게 두렵다고 한다. 이 정도면 예언자 수준 아닌가? 순진한 사람들을 홀리는 예언 집회를 열어도 성행할 것 같다. 나에게 사람들의 마음을 들여다보는 투시력이 있는 것 같다고 말하는 사람도 있는데, 오해하지 마시라. 나에게 그런 은사나 능력은 없다.

고작해야 나에게는 약간의 분별력이 있을 뿐이다. 나이 들면서 사람을 조금은 볼 줄 알게 된 것 같다. 그 사람의 말과 글, 행동에서 드러나는 인격을 희미하게나마 감지할 수 있는 센서가 발달되었다고나 할까. 목회자 후보생들을 오래 가르치고 상대하다 보니, 될 성싶은 나무는 떡잎부터 알아

본다고, 어떤 신학생들의 미래는 예측이 가능하다.

목회에서도 마찬가지다. 교인들의 현재 신앙생활과 그들이 추구하는 가치가 결국 그들의 미래를 빚어 가는 것을 본다. 복음 사역자들이 이 정도의 분별력은 다 가지고 있을 것이다. 다만 나의 경우, 내가 하는 나쁜 예측은 더 잘 들어맞는다는 특징이 있다. 앞날이 걱정스러워 보이는 사람들은 교만이라는 적신호가 내 센서에 두드러지게 감지되는 이들이다. 지금 돌아보니 그런 이들은 거의 다 망했다. 그러나 그것은 내 신통한 능력이 아니라, 교만은 패망의 선봉이라는 말씀이 이미 예측한 것이다. 2016.12.12

진노하는 사랑

어떤 이들은 사랑이라는 자기 나름의 개념에 갇혀서 증오와 분노라는 감정을 죄악시하고 억압한다. 그러나 진리 안에서의 사랑은 거짓과 불의에 대한 혐오와 분노를 전제한다. 불의에 대한 분노와 미움 없이는 진정한 사랑도 없다. 그런 사람은 십자가에서 나타난 사랑, 즉 하나님이 불의에 대해 진노하시면서도 사랑하시는 것을 이해할 수 없다. 하나님의 진리와 정의를 사랑하게 될수록 우리는 그에 반하는 거짓과 악독을 증오하게 된다. 성숙한 그리스도인은 분노해야 할 때 분노할 줄 아는 사람이 되는 것이다.

그렇지만 우리의 부패한 성향이 의분을 파괴적으로 분출할 위험이 있다는 점을 항상 경계해야 한다. 바울도 "분을 내어도 죄를 짓지 말며 해가 지도록 분을 품지 말라"고 권면하였다.엡 4:26 바울은 분 내는 것 자체를 결코 정죄하지 않았다. 구약의 선지자들과 세례 요한도 자주 분노했고 예수님도 분노하시며 '독사 새끼들', '회칠한 무덤', '마귀의 자식들', '지옥의 자식들' 같은 가장 심한 욕도 하셨다. 예수님이 욕을 했으니 우리도 욕을 해도 된다고 합리화할 수는 없다. 우리는 예수님처럼 항상 의로운 분노를 발하지 못하기 때문이다. 우리가 의로운 분노라고 생각하는 것도 자기 의나 혈기에서 촉발될 수 있으며 악으로 치우치기 쉽다.

그럼에도 불의에 대해 분노하는 것은 거룩한 일이다. 거기서부터 십자가에서 나타난 진노와 사랑의 역설을 희미하게나마 배울 수 있다. 불의와 거짓에 대해 참으로 분노하고 증오해 본 사람만이 원수를 사랑한다는 것이 얼마나 힘든 일인지 안다. 치가 떨리도록 혐오스럽고 분함을 십자가 앞에서 삭혀 자비를 조금씩 익히는 것이 사랑을 배우는 과정이다. 분노와 미움을 거쳐 성숙한 사랑을 하게 되는 과정은 그리 순탄하지 않다. 우리는 수없이 비칠거리며 쓰러진다. 불의에 대한 분노와 미움을 성령을 따라 승화시키기보다 육신의 혈기를 따라 분출하기 일쑤다. 그래서 우리는 탄식하고 신음한다.

하나님의 백성들 중에 욕하기 좋아할 사람이 어디에 있겠는가? 미쳐 가는 현상들이 만연한 악한 시대에 끓어오르는 분노를 주체하지 못해 욕이 터져 나오는 미숙한 자들을 불쌍히 여기고 경건의 잣대로 너무 성급히 정죄하지 않으면 좋겠다. 주님 보시기에 순진한 욕지거리가 있는 반면, 노골적인 욕보다 백배는 심한 모욕이 담긴 경건의 말도 있다. 우리는 지금 무척 힘든 시대를 지나고 있다. 불의와 거짓에 대해서는 분노하되 같은 진리를 추구하는 친구들끼리는 위로와 긍휼을 베풀면 좋겠다. 2016.12.17

영화관에서 부흥회를 하다

아내와 모처럼 영화를 보았다. 나는 아무 생각하지 않고 머리를 식힐 겸 영화를 본다. 그래서 내용이 심오하거나 머리를 복잡하게 써야 하는 영화는 싫어한다. 그런데 오늘

본 영화는 원전 사고를 소재로 한 〈판도라〉였다. 무거운 영화라 별로 끌리지 않았지만 평이 괜찮아 보기로 했다.

영화 중간에 좀 졸았다. 그런데 후반부에 원전 수리를 위해 사지로 자원해서 들어가는 사람들을 보면서는 주책없이 눈물이 났다. 원전이 폭발하여 방사선이 가득한 발전소 안으로 들어가면서 두 친구가 대화를 나눈다.

"재혁아 우리 진짜 죽으러 들어가는 것 같다."
"죽으러 가는 게 아니라 살리러 가는 거라 생각해."

많은 사람을 살리기 위해 누군가 희생해야 한다면 그만큼 의미 있고 아름다운 죽음은 없으리라. 어차피 죽을 인생인데 그런 가치 있는 죽음을 맞이한다면 얼마나 복되고 존귀한 인생이겠는가.

주님의 가장 귀한 사역도 많은 사람을 살리기 위한 죽음이었다. 그러니 우리의 가장 중요한 사역도 잘 죽는 것이다. 특별히 나라와 교회가 극한의 혼란과 위기에 처한 지금, 우리는 육신의 죽음이 아닌 내적 죽음을 요구받고 있다. 온갖 욕심을 부추기고 자극하는 자본주의사회에서 욕심과 교만, 이기주의에 대해 철저히 죽는 사람들이 필요한 것이다. 살아 있지만 죽은 자로 사는 것은 결코 쉬운 일이 아니다.

그러나 그보다 더 가치 있는 일은 없다. 이 죽음을 자원하는 사람들이 늘어날 때 나라와 교회가 살 것이다.

목사이자 신학자로서 쇠락해 가는 교회를 살리기 위해 나 자신을 철저히 죽이지 못했다는 자책, 더불어 아직도 내면에서 꿈틀거리는 욕망과 교만, 알량한 명예와 영광을 은밀히 추구하는 야망에 대해 확실히 죽어야겠다는 생각이 들자 눈물을 주체할 수 없었다.

그런데 영화를 보고 나온 아내는 시큰둥하다. 별 감동이 없었던 모양이다. 나 혼자 부흥회를 하고 왔다. 그러나저러나 내년에는 죽은 자로 살리라 다짐해 본다. 2016.12.26

목사의 처우

오래전 미국 이민 교회에서 교육 목사로 일할 때 부흥회를 인도하러 온 목사가 한 말을 지금도 잊을 수 없다. "교회는 담임목사에게 최고의 대우를 해 주어야 합니다. 가장 많은 돈을 버는 교인보다 더 많은 사례를 줘야 하고, 가장 비싼 차를 타는 교인보다 더 좋은 차를 타야 합니다!" 열변을 토하는 그 목사를 보며 분통이 터졌다. 그런데 그 목사는 그 후로도 날개 돋친 듯 부흥회에 불려 다녔다. 부흥회 후 담임목사 추종파가 실제로 고급 승용차를 담임목사에게 사 주었는데 결국 그것이 화근이 되어 교회에 분란이 일어났다.

복음을 팔아 호의호식하려는 파렴치한 목사들 때문에 교인들의 반감이 증폭된 현실을 백분 이해한다. 그러나 그런 삯꾼 목사들 때문에 정작 피해를 보는 이들은 순수한 목사들이다. 한국 교회의 전반적인 상황을 어느 정도 파악하고 있는 신학교 교수로서 볼 때 목사들 절대다수는 빈곤층 수준의 대우를 받고 있다. 과도하게 많은 사례를 받는 목사는 극소수이고 대부분은 재정 형편이 열악하다. 작은 교회나 개척 교회에서 목회하는 이들의 형편은 눈물겹다.

서울의 한 교회에서 부목사로 사역하는 이는 빛도 들지 않는 좁은 반지하 집에 살면서 두 자녀를 둔 가정이 생계를 꾸려 가기 힘들 정도로 적은 사례를 받는다. 그런데 그 교회는 여유가 있는 교인들도 많아 재정 형편이 어려운 교회가 아니다. 개혁을 표방하는 교회인데 목사 사례만큼은 야박할 정도로 개혁적이다. 새벽기도부터 시작하여 퇴근 시간이 없을 정도로 교회 일은 끊임없이 계속된다. 세상 말로 하면 고학력자가 저임금을 받으며 혹사당하는 것이다. 일하는 시간에 대비하면 최저임금도 못 받는다. 그 목사는 좋은 대학을 나와 안정된 직장 생활을 하다가 목사로 부름을 받아 신학교 3년의 힘든 과정을 마치고 목사가 되는 인턴^{강도사} 과정을 2-3년 거쳐 교회의 부목사로 부임했다. 이런 목사들을 향하여 마치 밥벌이를 위해 말씀을 팔아먹는다는 뉘앙스로 말하는 것은 그들을 더 아프게 하는 것이다.

부와 권력을 누리는 일부 목사들의 문제를 지적하는 것과 함께 재정 압박에 시달리는 대다수 목사들에 대한 처우 개선도 범교회적 차원에서 고민해야 할 때다. 2016.12.30

2017

탄핵 반대 집회

박근혜 대통령 탄핵 반대 집회에 목사들과 성가대가 동원되었다는 기막힌 이야기를 들었다. 아직까지 박근혜 정부를 지지하고 탄핵을 반대하는 그리스도인들이 적잖다는 사실을 안다. 그들을 보면 안타깝고 답답하다. 개인적으로는 그들의 인식이 심히 왜곡되었다고 생각하지만, 그들을 정죄하고 싶지는 않다. 그러나 제발 목사 가운, 성가대 가운을 입고 그런 집회에 나가서 기독교의 이름을 욕되게 하시는 마시라. 정 나가고 싶으면 개인으로 나가시라. 다른 어떤 종교, 심지어 사이비 종교도 하지 않는 몰지각한 행위를 함으로써 그렇지 않아도 형편없이 망가진 한국 교회의 이미지를 완전히 뭉개지는 말라는 얘기다. 2017.01.08

"염병하네!"

"염병하네!" 특검에 들어가며 헛소리를 지껄이는 최순실을 향해 청소부 아주머니가 던진 이 한마디가 이번 사태를 아주 깔끔하게 정리해 주었다. 대다수의 국민이 그 아주머니처럼 열악한 환경에서 박봉에 시달리면서도 정직하게 열심히 살아간다. 그런데 염병할 인간이 온 나라를 파탄에 이르도록 등쳐 먹었으니 어찌 분통이 터지지 않겠는가. 그러고서도 뉘우치는 기색이라곤 눈곱만큼도 없이 오히려 당당하게 큰소리치니 울화가 치밀어 참을 수 있었겠는가. 이런 국민들의 심정이 한 아주머니의 입을 통해 속 시원하게 분출된 셈이다. 아주머니가 그렇게 소리쳐 주어 사람들 가슴에 맺힌 분노의 응어리가 조금이나마 해소될 수 있었다. 현 시국과 최순실 일당에 대해 이보다 더 기막힌 일갈은 없다. 염병하네! 2017.01.26

평화와 정의의 새날

지금 우리는 가장 고통스러운 민족사의 한 자락을 지나고 있다. 이번 사태는 머지않아 수습될 것이다. 지금 진행되는 일들에 일희일비하거나 조급해할 필요 없이 차분히 기다리다 보면 곧 끝이 올 것이다.

교회의 선생으로서 내가 가장 우려하는 점은 이 모든 사태가 끝난 후 교회에 내려질 역사의 심판이다. 가장 암울했던 시대에 이 민족을 선도하는 빛의 역할을 했어야 할 교회가 과연 무슨 짓을 했는지 이 사회로부터 냉혹한 심판을 받을 것이다. 교회가 어두움을 드러내는 빛의 사명을 감당한 것이 아니라 어두움에 합세하여 혼란을 가중시켰다면, 그렇지 않아도 미운털이 잔뜩 박힌 기독교는 이 사회에서 설 자리를 잃을 것이다. 선악을 분별하지 못할 뿐 아니라 지극히 상식적인 판단조차 못할 정도로 왜곡되고 혼미해진 목사와 교인들에게 이 민족은 등을 돌릴 것이다.

새해에 소망의 하나님이 어두운 우리 마음에 그의 얼굴빛을 비추어 시대를 분별하는 지혜와 명민한 판단력을 주시며, 대립과 분열을 뛰어넘는 너그러운 포용의 마음을 주셔서 이 땅에 평화와 정의의 새날이 동트기를 기원한다. 2017.01.27

사람을 사랑하는 목회

목회는 사람을 사랑하는 것이다. 그러나 목회를 하다가 상처받아 찢긴 목사의 너덜거리는 마음 밭은 더 이상 사랑이 싹틀 수 없는 불모지로 변한다. 목회를 하면서 인간에게 실망하여 진정으로 누군가를 사랑하기 힘든 목사가 된다는 것은 참으로 가슴 아픈 일이다.

목사들끼리 하는 말이 있다. "아무도 믿지 말라." 그랬다가는 실망하고 상처받는다는 의미다. 인간은 믿을 수 없는 존재이며 하나님만이 절대적으로 신뢰할 수 있는 대상인 것은 맞다. 그러나 내가 목회하는 대상을 믿지 않고 어찌 그들을 사랑하는 목회를 할 수 있는가? 믿음은 모든 인간관계의 기초다.

목사에게 상처받은 교인들도 많고 교인들에게 상처받은 목사들도 많다. 그럼에도 또다시 상처받을 일, 사람을 사랑하는 목회는 계속되어야 한다. 이것이 상처받은 목자이신 주님을 따르는 길이자, 그분의 오래 참는 사랑을 배우는 길이다. 힘들게 목회하는 모든 분에게 주님이 한량없는 위로로 함께하시기를 빈다. 2017.02.03

광장 말고 골방!

한국기독교총연합회^{한기총}와 한국교회연합^{한교연}이 3월 1일 구국 기도회를 개최할 예정이라고 한다. 이 행사는 오전 11시부터 오후 2시까지 진행되는데, 바로 이어서 대통령 탄핵 반대 집회가 열린다. 이 단체들은 기도회가 탄핵 반대 집회와 전혀 상관없다고 주장하지만 예상되는 결과는 전혀 그렇지 않아 보인다. 탄핵 반대 집회가 열리는 장소와 겹치는 곳에서 열리는 기도회가 어찌 그와 무관하게 보이겠는가. 탄핵 반대 집회의 일부로 혼동하기 쉽다. 또한 기도회에 동원된 교인들이 바로 이어지는 탄핵 반대 집회에 대거 참여하게 될 것이다. 그렇다면 한국 교회를 대표한다는 연합 기구들이 실질적으로 탄핵을 반대하는 무리를 지원한다는 오해를 피하기 어렵다. 결국 예수와 교회의 이름을 빙자하고 신성한 기도회라는 명분까지 동원해서 국정 농단을 비호하는 이들과 합세하는 모양새가 될 것이다. 그런 의도가 전혀 없다면 오해를 사지 않도록 지금이라도 그 행사를 취소해야 한다. 꼭 해야 한다면 장소를 완전히 다른 곳으로 바꾸어야 한다.

거룩하신 하나님께 드리는 기도회는 어떤 형태로든 정치적으로 이용되어서는 안 된다. 지금 한국 교회는 진보와 보수를 떠나 골방에서 조국을 위해 간절히 기도해야 할 때다. 국가가 세운 헌법 재판관들의 현명한 판단을 기다리며 기도할 때다. SBS에 출연한 한 사회 인사는 헌법 재판관을 위협해서 자신들이 원하는 결과를 얻어 내려는 것은 국정 농단보다 백배나 악한 짓이라고 했다.

탄핵 반대 집회에 아무리 많은 군중이 모여도 헌법재

판소의 결정에 별 영향을 미치지는 못할 것이다. 그보다는 한국 교회에 내려질 이 민족의 심판이 염려된다. 교회 지도자들은 젊은 세대가 완전히 등을 돌릴 교회로 몰락하는 우를 범하지 말아야 한다. 거대한 악의 세력에 대항해서 나라를 지키려던 3·1운동의 숭고한 정신에 동참한 초기 한국 교회와 오늘 교회 연합 기구의 모습은 심하게 대비된다. 지금은 모든 그리스도인이 광장이 아니라 골방에 들어가 은밀한 가운데 계신 하늘 아버지께 간절히 기도해야 할 때다. 2017.02.27

인간론 강의를 시작하며

인간론은 인간이 되는 공부다. 기독교는 참된 인간이 되는 것을 지향한다. 죄의 결과는 비인간화이며 구원은 그리스도 안에서 진정한 인간상(하나님의 형상)을 회복하는 것이다. 성령으로 충만하면 광신적이고 열광적인 사람이 아니라 사람다운 사람이 된다.

역설적이게도 종교가 비인간화를 조장할 수 있다. 정상적인 판단력과 분별력을 마비시키는 맹신과 광신에 빠트려 신앙의 이름으로 비상식적인 괴이한 생각과 행동을 하게 만들고 정신세계를 황폐하게 만든다. 자신만 옳다는 아집에 사로잡히게 해서 폭력성과 광기를 고조시키기도 한다. 그런 사람은 자신과 입장이 다른 이들을 야비하게 공격하고 인격을 모독하는 말을 서슴지 않는다. 결국 자신의 인간성뿐 아니라 타인의 인간성까지 파괴한다.

또한 종교는 인간을 이용 대상으로 도구화할 수 있다. 거룩한 명분과 비전으로 포장된 종교적 야망을 성취하기 위해 인간을 이용하는 것이다. 인간 회복이라는 임무를 수행해야 할 교회가 오히려 참된 인간상을 일그러뜨리고 억압하는 역기능을 할 수 있다는 점을 항상 유의해야 한다.

목사들은 아무리 선한 비전이라 할지라도 비전을 성취하기 위해 교회와 교인들을 도구화해서는 안 된다. 이를 위해 자신과 치열하게 싸워야 한다. 목사들이 먼저 품어야 할 비전은 목회 성공이 아니라 참된 인간이 되는 것이기 때문이다. 그래서 교인들에게 아름답게 회복된 인간상의 모델을 제시해야 한다. 인간답지 않은 목사와 교인이 적지 않다는 것이 우리의 슬픈 현실이다. 2017.03.08

탄핵 인용

헌법재판소가 박근혜 대통령 탄핵 소추안에 대한 심판 결과를 선고했다. 헌법재판소의 판결은 매우 신중하고 합리적이었다. 헌법재판소는 상당한 의혹이 있어도 확고한 증거가 없는 사안들에 대해서는 탄핵 사유가 되지 않는다고 판단하였다. 오직 분명하게 드러난 증거들에 근거해서만 탄핵의 이유를 밝혔다. 판결문은 탄핵의 정당성을 누구나 충분히 이해할 수 있을 정도로 간결하고 명료하였다. 재판관들이 고심하고 수고한 흔적이 고스란히 담긴 명문이다. 지금까지 입장이 어떠했든지 이제는 헌법재판소의 판결을 겸허히 받아들이는 것이 법치주의를 준수하는 시민의 자세이며 국민 화합으로 나아가는 길이다. 그렇지 않고 이에 불복하며 소요를 일으키는 것은 법치주의의 근간을 뒤흔들고 국기를 문란하는 행위가 될 것이다. 2017.03.10

세월호 인양

세월호 인양이 본격적으로 시작되었다. 부디 시신을 수습하지 못한 아홉 가정의 피맺힌 소원이 풀리기를 바란다. 시신을 수습하지 못해 애간장을 끓이며 기다리는 가족들이 있는데도 세월호를 인양하는 데 1,073일이나 걸렸다. 시리고 아픈 이 시대를 역사는 어떻게 기억할까? 세월호 참사는 영원히 잊히지 않을 것이며 악하고 비정한 세대 또한 민족사에 영원히 기억될 것이다. 2017.03.23

성경은 개인주의 영성을 모른다

성경은 개인의 구원과 신앙은 중요시하지만 개인주의적 신앙은 알지 못한다. 예수 그리스도의 구속 사역과 성령의 첫 열매는 교회다. 성령은 새 언약의 영으로서 그의 일차 사역은 새 언약이 실현된 공동체인 교회를 세우는 것이다. 교회는 과거 이스라엘과 상응하는 새로운 언약 백성이며 구약에 예언된 종말론적 회복과 통치가 현실화되는 하나님 나라의 공동체다. 이 교회를 통해 세상을 죄와 사망의 속박에서 해방시키며 모든 민족을 축복하고 만유를 회복하는 것이 삼위 하나님의 구원 계획이다.

그리스도 안에서 만물을 갱신하고 통합하는 삼위 하나님의 광대한 구원 역사를 나만을 위한 구원으로 축소시킬 수 없다. 하나님의 구원을 신구약 성경 전체에 맥맥이 흐르는 언약과 하나님 나라 맥락에서 이해하지 않고 개인 구원의 틀에 가두어 버리면 구원의 풍성한 의미를 읽어 낼 수 없다. 기독교 신앙이 공적 차원과 대사회적 미션을 잃어버리고 지극히 사적이고 종교적인 게토 속에 유폐되는 것이다.

개혁교회는 중세 교회의 제도주의 속에 억압되었던 구원의 개인적 측면을 새롭게 부각시켰으나 개인주의 신앙과 경건을 조장하지 않았다. 개혁교회는 전통적으로 그리스도의 몸인 교회를 떠나서는 진정한 구원과 영적 성숙을 기대하기 힘들다는 점을 강조하였다. 또한 하나님의 구원 역사를 언약과 하나님 나라라는 관점에서 조명했다. 그래서 단 한 뼘의 영역도 하나님의 통치에서 제외되지 않는다는 하나님의 절대 주권 사상을 모토로 삼아 왔다. 그럼에도 개인주의 신앙과 경건이 개혁교회의 특성인 양 강조하고 개인주의 신앙을 부추기는 설교와 가르침이 만연한 것은 참으로 안타깝다. 이는 기초 신학 교육이 부재하다는 방증이자 한국 교회가 시급하게 극복해야 할 과제다.

성령의 개인적이고 공동체적인 사역은 하나로 연결되어 있다. 성령은 개인을 그리스도와 연합시키는 동시에 그리스도의 몸인 교회에 접붙이신다. 이 둘은 분리될 수 없다. 성령은 개인을 그리스도의 몸을 이루는 지체로 불러 새 언약의 백성이 되고 새로운 피조물이 되게 하신다. 동시에 만물을 회복하는 하나님의 새 창조 사역의 파트너가 되게 하신다. 그러므로 성령에 이끌리는 신앙생활은 개인의 구원과 경건이라는 차원을 훌쩍 넘어서 그리스도의 몸 된 교회를 통해 온 세상을 축복하며 만유를 새롭게 하시려는 우리 하늘 아버지의 뜻을 받드는 것을 그 궁극적인 목표로 삼는다. 우리 아버지의 관심사가 우리의 관심사가 되며 그의 비즈니스가 또한 자녀인 우리의 비즈니스가 된다. 2017.03.25

미세먼지

오늘 교의학 석박사 과정에서 공부하는 학생들과 함께 드린 기도의 한 대목을 공유한다.

대기오염과 미세먼지로 인한 환경문제가 인간이 해결할 수 없을 정도로 심각한 수준에 이르렀습니다. 자연을 잘 돌보며 관리하는 하나님의 대리자로서의 사명을 저버리고 저희의 욕심을 위해 자연을 파괴하고 환경을 오염시킨 우리의 죄를 사하시고, 만물을 새롭게 하는 성령의 능력으로 환경문제가 개선되게 하옵소서. 그래서 맑은 공기를 허락하옵소서.

미세먼지가 점점 더 심해지는데 정부는 속수무책이니 이런 기도가 절실해진다. 2017.03.27

실패에서 시작하는 인생

연초에 페이스북에 다음과 같은 글을 올렸다.

악인 곁에는 꼭 그를 두둔해 주는 똥파리 같은 악인들이 붙는다. 그러면 악인은 똥파리들을 힘입어 더 완악하게 버틴다. 그러다가 더욱 처참하게 망한다. 똥파리들이 악인을 도와주는 것 같지만 실은 악인의 파멸을 가장 확실하고 효과적으로 돕는 이들이다. 그러고는 같이 폭삭 몰락한다. 이것이 불의로 진리를 막는 자들이 서로 합력하여 멸망에 이르는 악의 메커니즘이며 심판자의 섭리다. 혹여 이런 어리석은 길에 동조하는 이들은 속히 돌이키시라.

희한하게도 박 전 대통령 구속의 일등공신이 그의 변호인단과 그를 막무가내로 두둔하는 측근들이라고 한다. 언론은 그들이 기본 법리에도 어긋나는 주장과 대중을 선동하는 발언 등으로 무리수를 둔 것이 악재로 작용했다고 분석한다. 그들이 박 전 대통령을 지키는 호위 무사 같지만 실은 그를 사지로 몰아넣는 저승사자들인 셈이다.

그를 진정 사랑한다면 온정으로 감싸 멸망으로 밀어넣지 말고 뼈아픈 고언의 매로 깨우쳐 구해 내야 한다. 지금 박 전 대통령이 이 나라를 위해 할 수 있는 최선의 봉사는 정직한 고백이다. 그래서 산적한 적폐를 청산하고 이 나라가 새로운 기반 위에 세워지도록 도와야 한다. 그렇게 하면, 그는 처참한 실패를 국가 재건을 위한 밑거름으로 승화시켰다고 기억될 것이다. 인생은 실패로 끝나는 것이 아니라 실패에서 시작한다. 처참한 실패의 밑바닥으로 곤두박질쳤을지라도 바로 그곳에서 전능자를 만나면 그 인생은 결코 실패로 끝나지 않는다.

박 전 대통령을 인간적으로 사모하고 두둔하던 이들, 특별히 그리스도인들은 그를 진정으로 사랑하는 길, 그를 살리는 길을 택해야 한다. 분별력이 흐려져 그에게 남은 마지막 회개의 기회마저 놓치게 하지 말아야 한다. 그렇지 않으면 그의 핏값이 그대들에게 돌아가리라. 그를 위해 잠시 기도의 손을 모은다. 2017.03.31

심판의 칼을 빼 들고 달려오시는 하나님

악이 횡횡해도 하나님의 심판이 좀처럼 임하지 않는 때가 있다. 불의가 판치고 악인이 득세하며 그들의 횡포 아래 선량한 사람들이 오래 고통받는 모순과 부조리가 가득해도 하나님은 침묵으로 일관하시는 듯하다. 이 세상을 공의로 판단하는 하나님이 안 계신 것 같다. 계신다고 해도 요지경인 세상에 관여하시지 않고 이 세상을 악한 세력이 주관하도록 내버려 두신 것 같다. 이런 악한 시대에는 공의의 하나님이 안 계시다는 어리석은 생각이 사람들 사이에 강화된다. 시편 기자가 말했듯이 "어리석은 자는 그의 마음에 이르기를 하나님이 없다"고 한다.시 14:1

지금이 바로 그런 악한 시대라는 것을 국정 농단 사태를 보면서 절감한다. 어떻게 그런 짓을 하면서 발각되지 않을 거라고 생각했을까? 그들에게 심판하시는 하나님이 있다는 의식이 눈곱만큼이라도 있었다면 그렇게 담대하게 악을 행하지는 못했을 것이다. 사람들만 속이면 그들의 악행이 영원히 묻힐 수 있다고 생각한 모양이다. 그 어리석고 악한 마음이 결국 하나님의 심판을 불러왔다.

악한 행동에 대한 심판이 임한다는 의식 없이 악을 마

구 행하는 이들에게도 조만간 하나님의 무서운 심판이 홀연히 임할 것이다. 그리스도인 중에도 하나님의 심판을 의식하지 않고 사는 사람이 적지 않다. 그들은 하나님을 도무지 두려워하지 않는다.

심판하시는 하나님에 대한 두려움과 경건은 비례한다. 이를 뚜렷하게 의식하면서 두려움을 가지고 살 때 우리는 죄를 멀리한다. 그러나 이 의식이 흐려질 때 죄짓는 것을 가벼이 여긴다. 이런 의식과 두려움이 없다는 자체가 하나님의 심판이 임박했다는 증거다.

하나님의 심판이 이 사회와 교회에 시작된 것 같다. 그동안 잠잠하셨던 하나님이 심판을 위해 일어나셨다. 하나님이 무서운 심판의 칼을 빼 들고 우리를 향해 달려오고 계신다. 부패한 교회와 사회를 심판의 불로 정화하실 것이다. 모두 바짝 엎드려 주님의 자비를 구할 때다. 우리를 심판하실 심판자가 우리 대신 십자가에서 심판을 당하셨다. 그 십자가를 붙들 때다. 깊이 회개하고 악에서 돌이켜야 한다. 그러면 우리를 혹독하게 치시는 하나님의 심판의 손이 우리를 치유하고 회복하는 은혜의 손길로 변할 것이다. 이번 고난주간과 부활절이 우리 민족과 교회 역사에 이런 분기점이 되기를 바란다. 부패한 교회와 나라는 침몰하고, 상하고 깨진 세월호와 함께 비극과 실패를 딛고 새로운 한국 교회와

사회가 떠오르기를 소원한다. 2017.04.11

비겁한 지도자들

　비겁한 지도자가 어느 정도까지 사악한 짓을 할 수 있는지 성경 속 빌라도를 보면 알 수 있다. 빌라도는 유대 지도자들처럼 예수님에게 적대적이지 않았다. 동정적이고 호의적이기까지 했다. 나름대로 예수님을 구해 보려고도 했다. 그럼에도 그는 결국 무리의 압력에 못 이겨 불의한 요구를 들어주었다. 그는 유대 지도자들이 죄 없는 예수님을 시기해서 죽이려 하는 것을 알았다.

　옳은 선택이 무엇인지 알면서 그와 정반대로 행하는 것은, 모르고 행하는 것보다 몇 배나 악하다. 특별히 법조인이나 지도자들이 그러는 것은 훨씬 더 심각한 죄다. 그런 점에서 지도자가 꼭 갖추어야 할 자질은 용기다. 옳은 것을 알았으면 어떤 불의한 압력이 있더라도 양심껏, 소신껏 행하는 용기가 있어야 한다. 비겁한 지도자만큼 악을 조장하고 하나님의 공의를 허무는 자가 없다. 불의한 권력에 맥없이 무릎 꿇는 지도자들이 많아 한국 사회와 교회가 이 모양이 되었다. 법을 전공해서 옳고 그른 것을 잘 아는 법조인과 정치인들이 아는 것과 정반대로 행하는 경우가 얼마나 많은가? 지식이 많을수록 겁약해지는 경우가 많다. 그래서 지식인들이 겁쟁이라는 말을 듣는다. 그 좋은 머리를 가지고 이것저것 재고 자기 몸 사리는 데 잘도 쓴다.

성경과 신학 지식이 많을수록 겁약해질 수도 있다. 목사와 신학자들 중에 비겁한 자들이 많다. 부끄럽지만 나도 예외는 아니다. 의롭고 선한 것을 머리로 알고 멋지게 가르치지만 행하는 의지는 아주 박약하다. 머리로 공부만 했지 의롭게 행하는 강인한 투지와 용기를 계발하지는 못했기 때문이다. 그래서 작은 압력에도 버티지 못한다. 조금만 어려움이 생기고 희생이 따르며 불이익이 오면 의지가 꺾이고 쉽게 타협해 버린다. 교권의 압력이 있으면 알아서 긴다.

그러면서 자신을 합리화한다. '그래도 나는 좋은 의도를 가지고 있었어. 잘해 보려고 나름대로 노력했어. 그런데 상황이 어쩔 수 없었어. 워낙 반대 세력이 거세서. 나만 그러나? 다 그러는데.' 이런저런 이유 때문에 그럴 수밖에 없었다고 자신의 위선과 비겁함을 합리화한다. 그러면 양심이 점점 부패해지고 의를 행하는 의지가 퇴화한다. 불의한 체제에 순응하는 무골 위인이 된다. 그런 이들은 교회와 사회를 새롭게 할 수 없다.

의를 행하려는 용기는 우리 안에서 생래적으로 일어나지 않는다. 빌라도는 아주 잔인한 인간이었다. 인간적으로 강하고 용맹한 것 같은 자가, 정의를 행하는 데는 아주 유약하고 비겁하다. 그러나 천성적으로 겁약한 사람도 하나님을 의지해서 바르게 행하려고 힘쓰면 성령이 담대함을 주신다. 2017.04.13

하나님의
눈물

"예수께서 눈물을 흘리시더라." 요 11:35 주님은 나사로의 죽음을 보고 눈물을 흘리셨다. 아마 그의 죽음을 슬퍼하는 이들을 긍휼히 여기셔서 우셨을 것이다. 그러나 주님의 울음에는 그보다 많은 의미가 담겨 있다. 뒤에 주님이 속으로 비통히 여기셨다고도 하는데 이는 주님이 심히 분노하셨다는 뜻이다. 왜 분노하셨을까? 죄와 죽음의 세력이 당신의 창조 세계를 파괴하고 당신의 형상으로 지으신 인간을 철저히 유린하고 망가트렸기 때문이다. 주님은 죄와 사망의 권세 잡은 자, 마귀에 대해 분개하셨다. 마귀의 유혹에 빠져 사망의 결박에 매인 인간의 죄악과 어리석음과 믿음 없음에 대해 분노하며 비통해하셨다.

이런 분노와 함께 죄와 사망의 세력에 속박되어 비참한 상태에 처한 인간들을 깊이 사랑하여 주님은 우셨을 것이다. 그 눈물이 주님께서 십자가의 길을 묵묵히 가신 이유를 설명해 준다. 그 눈물이 죄인들에 대한 하나님 아버지의 사랑의 마음을 들여다보게 한다. 하나님의 눈물이라는 말은 비유적 표현이다. 하나님은 영이시기에 우리와 같은 눈으로 눈물을 흘리시지 않는다. 그러나 하나님은 무한한 사랑을 가진 분이다. 우리 죄인들의 비참함을 보시고 말할 수 없는 비통과 연민을 느끼신다. 만약 하나님이 우리와 같은 육안을 가지고 있다면 하염없이 눈물을 흘리실 것이다. 그 눈물이 육체를 입고 오신 성자 하나님의 눈에서 흘러나온 것이다. 우리는 주님의 눈물에서 죄인들을 깊이 사랑하시는 하나님의 눈물을 본다.

이 사랑의 눈물이 겟세마네 동산에서 형용할 수 없는 슬픔의 눈물로 이어졌다. "그는 육체에 계실 때에 자기를 죽음에서 능히 구원하실 이에게 심한 통곡과 눈물로 간구와 소원을 올렸고 그의 경건하심으로 말미암아 들으심을 얻었느니라."히 5:7 이 말씀은 특별히 주님이 겟세마네 동산에서 땀이 핏방울이 되도록 고뇌하며 기도하신 이야기일 것이다. 그때 주님이 흘리신 눈물에는 죄인들을 사랑하시기에 당신이 받아야 할 고난에 대한 헤아릴 수 없이 깊은 슬픔이 담겨 있었다. 주님은 영원 전부터 사랑하는 당신의 아버지로부터 버림받아야 하는 두려움과 슬픔 때문에 통곡하셨다. 그 눈물은 또한 우리 죄인들을 구원하시기 위해 당신의 사랑하는 아들에게 우리 죄에 대한 당신의 진노와 저주를 쏟아부어야 하는 하나님 아버지의 말할 수 없는 아픔과 슬픔을 헤아려 보게 하는 눈물이다.

주님이 십자가에서 흘리신 피는 주님이 흘리신 눈물에 담긴 사랑과 슬픔의 구체적 표현이자 그 결정체다. 주님이 흘리신 피와 눈물로 우리가 구원받았다. 존귀하신 주님이 흘리신 피와 눈물로 이루신 구원이 얼마나 놀랍고 위대한가. 하나님 아버지가 예수님을 죽은 자 가운데서 살리시고 하늘 위에 올리사 만유 위에 뛰어난 권세와 이름을 주셨다. 부활하신 주님이 교회의 머리일 뿐 아니라 만물의 머리가 되게 하셨다. 부활하신 주님이 교회뿐 아니라 만물을 통치하신다. 부활하신 주님이 특별히 교회를 당신의 몸으로 삼으셨다. 교회를 온 세상 만물에게 부활의 생기를 불어넣는 입으로 삼으신 것이다. 교회를 통해서 죄와 사망의 세력이 지배하고 있는 세상, 영적 시체와 마른 뼈가 가득한 이 땅에 부활의 생기를 불어넣어 큰 군대, 하나님의 백성을 일으키신다.

오늘 부활절과 함께 세월호 참사 3주기를 맞았다. 이렇게 큰 비극을 겪고도 변하는 것이 없다면 이 나라에는 희망이 없다. 총체적으로 부패한 대한민국호는 세월호와 함께 침몰하고 깨끗하고 건실한 대한민국호로 부활해야 한다. 그러기 위해서는 무엇보다 부활의 생명을 잃어버린 죽은 교회들, 교인들이 부활해야 한다. 정치인들에게만 문제가 있는 것이 아니다. 만물을 새롭게 하라고 세우신 이 교회가 제구실을 못하고 있는 것이 근본 문제다. 우리 교회가 사망의 권세가 지배하는 이 세상에 부활의 생기와 샬롬을 전달하는 교회로 거듭나는 것이 이 민족을 살리는 길이다. 2017.04.16

기타리스트가 되고 싶었던 목사

중학생 때 처음 기타를 쳤다. 그 시절 비틀즈Beatles와 롤링 스톤즈Rolling Stones 같은 록 밴드가 나 같은 이들을 열광시켰다. 대학생 때는 레드 제플린, 딥 퍼플 등이 선풍적 인기를 끌었고 그 영향인지 한국에도 그룹사운드가 등장했다. 대학마다 그룹사운드를 결성해서 경연 대회를 열기도 했다. 사실 나도 그룹사운드 활동을 하고 싶었다. 세계적인 록 스타가 되는 꿈도 꾸었다. 젊음의 낭만과 즐거움을 만끽한 날들을 생각하면 지금도 추억이 아련하게 떠올라 가슴이 설렌다.

다만 나는 콩나물 대가리^{악보}조차 제대로 읽지 못할 정도로 음악에 소질이 없었다. 내 짝꿍은 나보다 늦게 기타를 배웠음에도 음악성이 뛰어나 나중에는 기타리스트 신중현 씨와 함께 공연을 하기도 했다. 그러나 내 실력은 도무지 늘지 않았다. 악보를 외워서 기계적으로 연주하는 수준이었다. 왼손 두 번째 손가락 손톱이 남달리 길어 손톱을 아무리 바짝 깎아도 붙인 손톱처럼 길어서 코드 잡기도 쉽지 않았다.

왜 재능이 없는데도 그토록 기타리스트가 되고 싶었을까? 지금도 스스로에게 묻곤 한다. 그때는 신앙을 갖기 전이라 허황된 꿈을 꾼 듯하다. 하지만 이 질문이 지금도 되살아날 때가 있다. 목사가 될 자질과 은사가 없는데 목사가 되고 싶은 이들을 접할 때 그렇다. 내 젊은 날을 생각해 보면 그들의 심정이 조금은 이해가 된다. 그래서 답답하면서도 안쓰럽다. 왜 재능과 은사가 없는데, 그 일을 하고 싶어 하는 걸까? 갈망은 있으나 은사가 없는 이 상황은 우리의 허영인가, 신의 얄궂은 작품인가?

모차르트의 일생을 그린 영화 〈아마데우스〉에서 모차르트의 탁월한 음악성을 시기하던 궁정 음악가 살리에르는 이렇게 독백을 한다. "신이시여, 제가 원했던 것은 오직 주님을 찬미하는 것이었는데 주님께선 제게 갈망만 주시고 절벙어리로 만드셨으니 어째서입니까? 말씀해 주십시오. 만약

제가 음악으로 찬미하길 원치 않으신다면 왜 그런 갈망을 심어 주셨습니까? 욕망을 심으시곤 왜 재능을 주지 않으십니까?" 그의 말은 잘난 놈들에 대한 우리 평범한 이들의 뒤틀린 심보를 아주 잘 대변해 준다.

록 기타리스트가 되고 싶었던 나에게 그 재능은 주지 않고, 죽어도 하고 싶지 않았던 목사가 되는 데 필요한 은사를 주신 것은 하늘의 뜻일까? 신앙을 갖기 전 목사가 될 바에는 차라리 죽는 게 낫겠다고 생각한 나였는데 말이다. 인생이 꼭 내가 원하는 대로 설계되고 진행되지 않는다는 것을 내 삶을 통해 깨닫는다. 2017.04.21

20년 만의 대선 투표

부끄럽지만 나는 이전에 대통령 선거 때 투표조차 하지 않을 정도로 정치에 무심했다. 정치에 완전히 신경을 끄고 살았다. 누가 정권을 잡든 그 나물에 그 밥이라고 생각했기 때문이다. 그런데 세월호 참사와 국정 농단 사태가 나 같은 사람도 정치에 깊은 관심을 갖게 할 정도로 국민의 참여의식을 고조시켰다.

국가적 혼란을 겪으며 나는 그동안 사회정의와 정치에 무책임했던 점, 나라와 위정자들을 위해 진정으로 기도하지 못한 점을 깊이 반성하였다. 그러나 또 다른 극단, 곧 기독교가 정치와 결탁하고 정치가 신앙보다 절대화되는 정치 우상화는 여전히 경계한다. 앞으로 시민의 한 사람이자 교회의 선생으로서 대사회적 책무를 적극적으로 수행할 것이다. 하지만 세상 정치에 큰 기대는 걸지 않는다. 전에는 동료 교수에게 투표도 안 한다고 핀잔을 듣곤 했는데 이번에는 앞장서서 투표할 예정이다. 아무래도 이번 대선 투표율은 높아질 모양이다. 2017.04.28

성령은 설교자를 먼저 죽이고 일하신다

어느 시골 교회 예배에서 초빙 강사가 성령 충만을 주제로 설교했다. 성령 충만에 대해 장황한 설명을 늘어놓고 열변을 토하는데 정작 성령의 은혜는 전혀 없었다. 모처럼 시골 교회에 좀 알려진 강사가 온다고 해서 교인들은 기대에 잔뜩 부풀어 있었고 초청받은 목사도 그에 부응해서 의기양양하게 강단에 올라 폼을 잡다가 폭삭 찌그러졌다. 죽

쏟 설교를 하고 난 목사는 그만 풀이 죽었다. 바로 내 얘기다.

설교를 30년 했으면 달관의 경지에 이르러야 할 텐데 나는 아직도 죽 쑤는 설교에서 졸업하지 못했다. 말이 빨라지고 언성이 높아지며 육신의 열정이 앞서면 성령은 슬며시 뒤로 물러나시는 것 같다. 성령 안에서 자유하면 더 차분하고 겸손해야 하는데 설레발치다가 망한다. 성령이 수없이 반복해서 깨우쳐 주시는데 여전히 비칠거린다. 기가 팍 죽어 불쌍하게 찌그러진 목사의 체면을, 성령이 오후 예배 때 세워 주셨다. 성령은 설교자를 먼저 죽이고 나서야 일하시는 모양이다. 오늘도 힘든 설교 사역을 한 모든 분에게 성령의 위로가 함께하기를 빈다. 2017.04.30

새 대통령에게 바란다

어제 대통령 선거에서 문재인 후보가 대통령에 당선했다. 그가 주민들과 일일이 악수하며 인사하는 모습이 참 정겹고 좋아 보인다. 부디 국민과 친밀하게 소통하며 자신을 반대한 이들까지 끌어안고 섬기겠다고 한 말대로 국민 통합을 이루는 지도자가 되기를 바란다.

그러나 현실은 그리 녹록지 않고 그의 앞에는 험난한 정치 여정이 기다리고 있다. 그가 지혜롭고 선한 지도자가 되어 백성들의 눈물을 씻어 주며 나라를 안정되게 하는 대통령이 되게 해 달라고 기도해야겠다.

새 정권에 대한 나의 소박한 바람은 이것이다. 정치를 모르는 나 같은 문외한이 정치에 대해 염려하지 않도록 정부의 기본 기능이라도 정상화되기를 바란다. 그러면 나 같은 목사는 정치에 신경 쓰지 않고 우리 임무에만 충실할 것이다.

우리 목사들이 그보다 더 시급하게 해야 할 일은 교회 개혁이다. 새 창조의 은혜로 세상을 새롭게 하라고 보냄받은 목사와 교인들이 제 역할을 못하면, 무능한 정부가 세상을 부패시킨 것보다 더 심하게 세상을 부패시킨다. 그리스도인이 청산해야 할 적폐의 대상은 다름 아닌 우리 자신이다. 우리 스스로 개혁과 회개의 대상이 되어야 한다. 정권이 바뀌었으니 이제는 교회가 바뀔 차례다. 2017.05.10

시대 묵상

초판 발행_ 2017년 7월 24일

지은이_ 박영돈
펴낸이_ 신현기

펴낸곳_ 한국기독학생회출판부
등록번호_ 제313-2001-198호(1978.6.1)
주소_ 04031 서울시 마포구 동교로 156-10
대표 전화_ (02)337-2257 팩스_ (02)337-2258
영업 전화_ (02)338-2282 팩스_ 080-915-1515
홈페이지_ http://www.ivp.co.kr 이메일_ ivp@ivp.co.kr
ISBN 978-89-328-1481-0

ⓒ 박영돈 2017

책값은 뒤표지에 있습니다.
무단 전재와 복제를 금합니다.